平和に生きる権利は国境を超える

パレスチナとアフガニスタンにかかわって

猫塚 義夫・清末 愛砂

序章

このたび、憲法研究者の清末愛砂さんとともに国際支援活動の基軸として日本国憲法をどのように位置づけるのか、そしてその具体化とは何なのかを語る本を緊急出版することになりました。元々、本書の出版計画は以前から進められてきたものでしたが、２０２３年10月７日のハマースの急襲とその後のイスラエル軍によるガザに対する大規模な軍事攻撃の開始を受け、大至急作業を進めることにしました。その理由は、①ハマースの急襲の背景に、パレスチナ難民の創出、イスラエルの占領の歴史、ガザに対する長期の軍事封鎖などの問題が積み重ねられてきたこと、②封鎖によりガザでは10月７日以前から人道危機がずっと生じてきたことに加え、③今回のイスラエル軍の大規模な軍事攻撃がライフラインである水や燃料、電気を絶ちながら行われており、封鎖により逃げることができないまま、人々が無差別爆撃にさらされていることを広く伝えることが喫緊の課題だと考えたからです。したがって、本書に掲載されている情報は10月23日段階のものです。第一章の対談は、緊急出版のために急遽10月15日に行いました。

地上侵攻が始まるといわれていますが、これ以上の犠牲者が出ないようにするために、国際社会はなんとしてもそれを食い止めなければなりません。それと同時に即時停戦が実現するように、それを求めて一人ひとりができることをすべきときだと思います。本書は、そのための活動の一つです。

本書を貫く軸の一つは、日本国憲法前文に明記されている「平和のうちに生存する権利」（平和的生存権）です。私たちは医師と憲法研究者をしながら、パレスチナでの医療・子ども支援活動やアフガニスタンの女性団体との連帯活動などに従事してきました。これらの活動をするにあたり、私たちが依拠してきたのが平和的生存権という考え方でした。本書では、NGO活動を実践するうえで平和的生存権がどのような意義を持ち、けっして安全とはいえない現地での活動をどのように支えてきたのか、という点を実践的に描いています。

私は、2006年に「医療9条の会・北海道」を立ち上げ、その設立記念講演会に医師で評論家の加藤周一さんを招聘しました。ご講演のなかで、加藤さんは日本国憲法の大切さを指摘されました。その後、私は「自衛隊イラク派兵差止北海道訴訟」の原告になり、そこで平和的生存権の詳細を学びました。しかし、これまでの活動の枠では国内からの視点が中心となり、限界を感じるものでした。なぜなら、平和的生存権は、単に日本国民のみの権利ではなく、

「全世界の国民」を対象とする国際的意義を持つものであるからです。

そうした背景の下で、２０１０年に「北海道パレスチナ医療奉仕団」を立ち上げ、設立当初から平和的生存権を基本とするＮＧＯとして活動を進めることになりました。私の恩師である札幌医科大学内科学の黒川一郎名誉教授から「パレスチナでの活動に日本国憲法をどのように位置づけるのか」と問われたことも、私の心に大きな影響を与えてくれました。

一方、本書では、清末さんが携わってきたアフガニスタンの状況、とりわけ女性をめぐる状況について言及されています。同国は２０２１年のターリバーンの再支配の開始や米軍の撤退以後、新たな局面を迎え、現在にいたります。なお、私は、２０２３年２月に静岡在住の「カレーズの会」理事長で医師のレシャード・カレッドさんに同行し、アフガニスタンに２週間滞在しました。その時点でのアフガニスタンの現実を学ぶとともに、私たちの活動に大きな影響を与えてきた中村哲さんの偉業を現地で直接確認し、南部のカンダハールでの医療支援をすることが目的でした。

清末さんは２０１１年10月に室蘭工業大学に憲法学の教員として赴任後、時間をつくって私を訪ねてくれました。以前からお名前を伺っていましたが、直接会ったのはこのときが初めてでした。ご本人は情熱をもって占領下のパレスチナについて語ってくれました。２００２年の大学院生時代に、パレスチナでイスラエル軍による銃撃で受けた負傷により帰国を余儀なくされたこと、その後のヨルダン川西岸地区のナーブルスやヨルダン渓谷での活動について、整然と話してくれたのです。もちろん、その場ですぐに「北海道パレスチナ医療奉仕団」にも参加してくれました。

そもそも当初、医療従事者による団体でしたので、医療による実践活動は得意ですが、それを系統的かつ体系的にまとめることは得意ではありません。憲法研究者の清末さんの参加は、私たちが拠り所にしてきた平和的生存権の実践的解釈において、北海道パレスチナ医療奉仕団そのものを強化する大きな力を発揮してくれるものとなりました。

私たちは、難民問題、健康と福祉、戦争と平和、貧困問題、子どもの問題、ジェンダー、先住民族問題などを共通項としながら、パレスチナとアフガニスタンに関して互いに学び合いつつ、活動を発展させてきました。また、近年脚光を浴びつつある持続可能な開発目標（SDGs）に関しても、第16項目「平和と公正をすべての人に」を中心に、1「貧困をなくそう」、2「飢餓をゼロに」、3「すべての人に健康と福祉を」、4「質の高い教育をみんなに」、5「ジェンダーの平等を実現しよう」、10「人や国の不平等をなくそう」、11「住み続けられるまちづくり」など、多くの項目も私たちの関心を寄せるものとなっています。

本書では、パレスチナとアフガニスタンの現況を主に描いていますが、私たちは足元の社会に目を向けずに単純に平和的生存権が国境を超えるという話をしているわけではありません。

ガザ市の夕暮れどき　モスクと海が見える（2019 年 10 月）

ガザをめぐるいっそうの人道危機を迎え、緊急出版という形にしましたが、第４章の対談の最後に示すように、私たちが住む北海道が抱えている大きな不正義の一つとして、先住民のアイヌ民族に対する支配と差別の歴史に向き合うことの必要性を自分たちの問題として提起するものであることを申し添えます。

２０２３年10月23日　猫塚義夫

※本書に掲載された写真はすべて猫塚、清末提供。

パレスチナ周辺地図

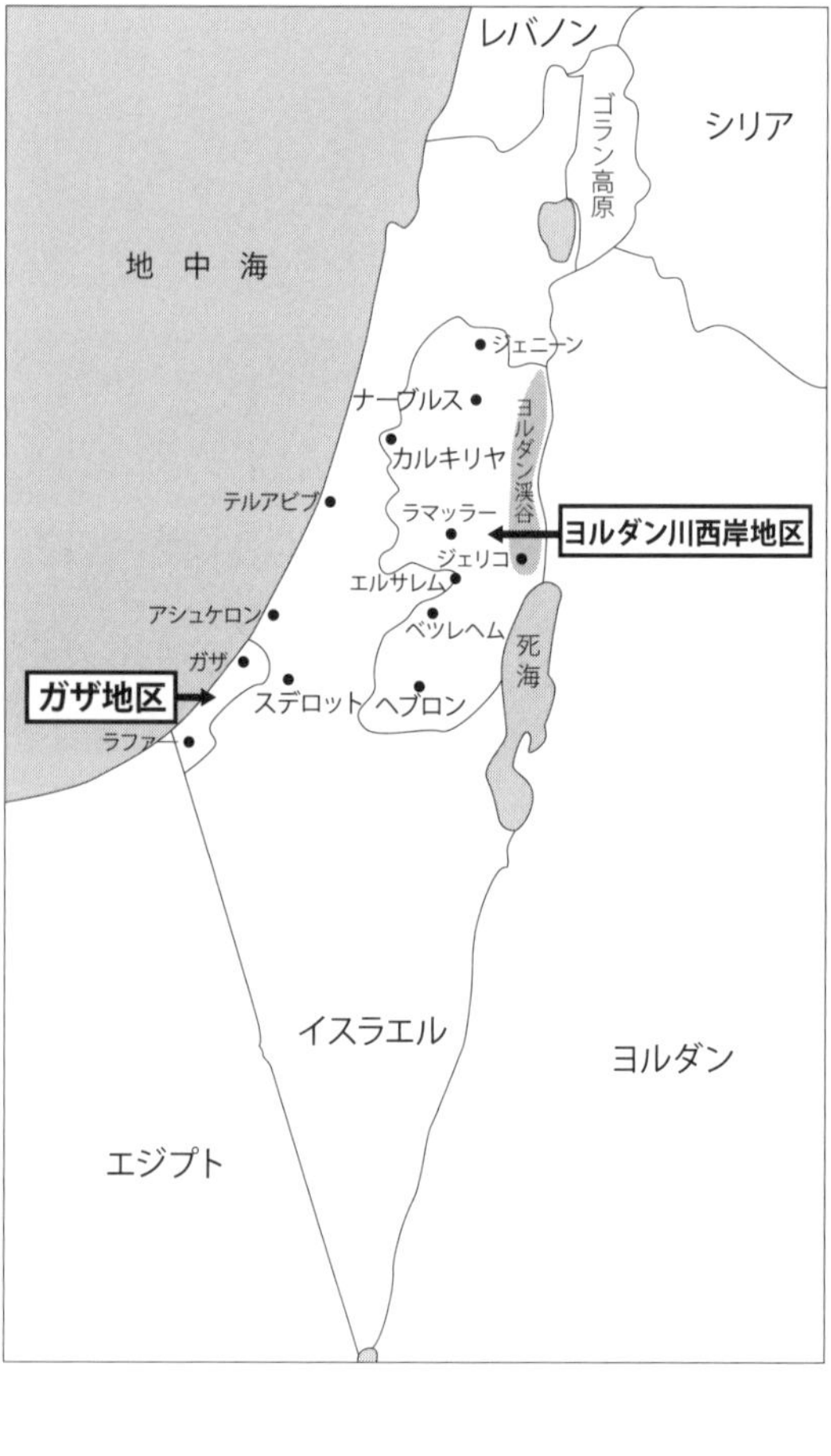
レバノン
ゴラン高原
シリア
地中海
ジェニーン
ナーブルス
ヨルダン渓谷
カルキリヤ
テルアビブ
ラマッラー
ヨルダン川西岸地区
ジェリコ
エルサレム
アシュケロン
ベツレヘム
死海
ガザ
ガザ地区
スデロット
ヘブロン
ラファー
イスラエル
ヨルダン
エジプト

アフガニスタン地図

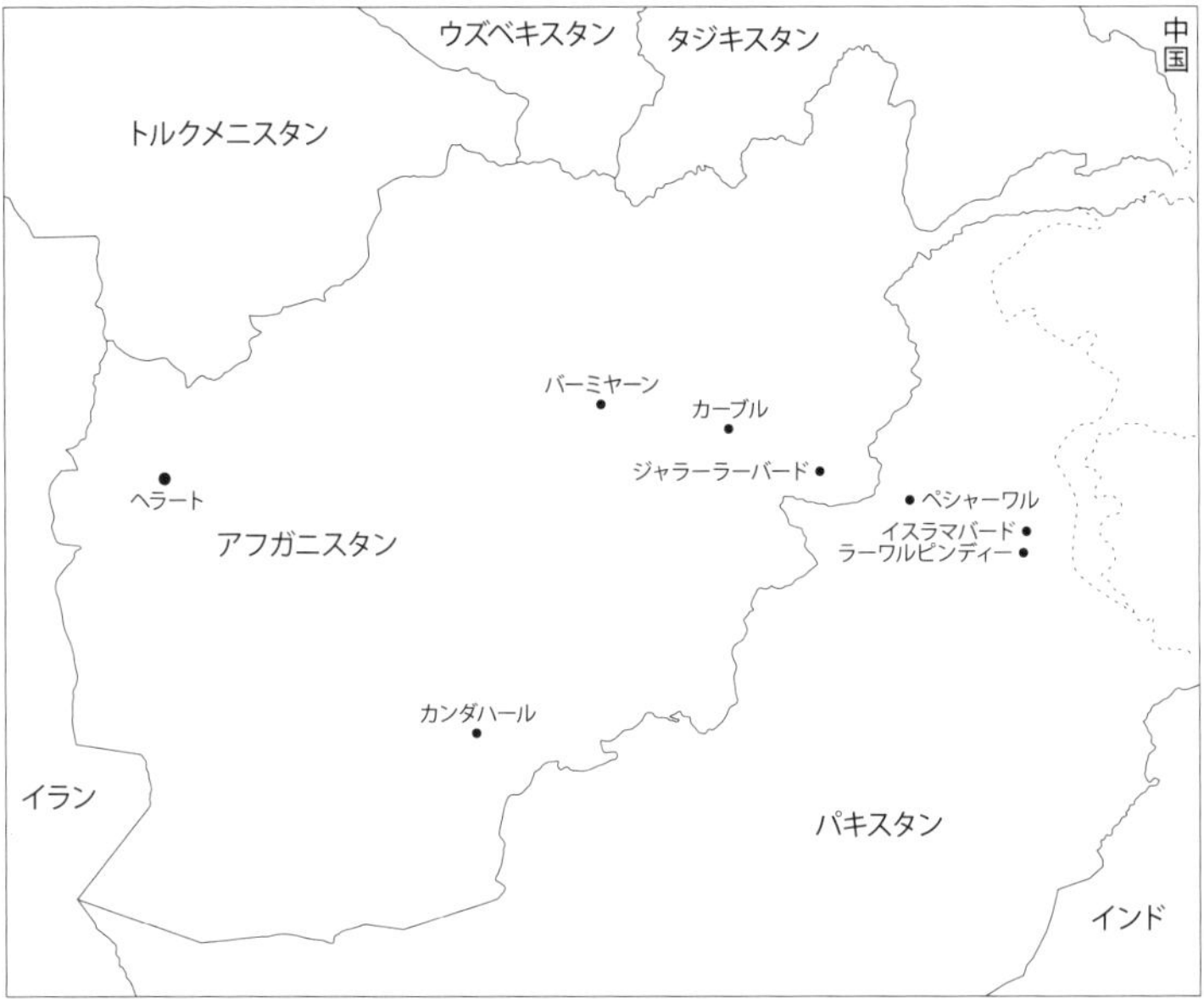

ウズベキスタン
タジキスタン
中国
トルクメニスタン
バーミヤーン
カーブル
ジャラーラーバード
ヘラート
アフガニスタン
ペシャーワル
イスラマバード
ラーワルピンディー
カンダハール
イラン
パキスタン
インド

目次

序章…3　猫塚義夫

第1章　緊急対談
2023年10月7日のハマースの急襲とイスラエルの軍事行動をどうみるか…13
猫塚義夫×清末愛砂
16年間封鎖された世界最大の「天井のない牢獄」…14／医療現場はどうなるのか…22
子どもたちはどうなるのか…26／再びガザをめざす私たちの今後の課題…31
停戦になっても問題は山積…34
平和的生存権を明記する憲法前文を持つ国の政府が果たすべき役割…37

第2章
北海道パレスチナ医療奉仕団の活動を支える日本国憲法…41　猫塚義夫

1　北海道パレスチナ医療奉仕団とは…42
2　パレスチナの現状への見方の指針としての日本国憲法…45
3　奉仕団の活動の視点…48／4　奉仕団の活動を支える日本国憲法の視点…51／おわりに…54

第3章
憲法研究者がなぜ国際支援活動にかかわるのか
——平和的生存権と法の支配へのこだわり…55
清末愛砂

1　モハンマドの死と人間であることの恥…56
2　「戦争反対」のスローガンでは解決しえないもの…58
3　平和的生存権にこだわる理由——確認作業とは…61
【資料　安保法制違憲北海道訴訟・控訴人陳述書　2019年11月15日】…64

第4章　対談
医師と憲法研究者の目に映るパレスチナとアフガニスタン…69
猫塚義夫×清末愛砂

ミャンマー（ビルマ）の軍事支配と難民問題――メーソット訪問で知ったこと…70
アフガニスタンの女性解放――根底にある家父長的社会規範…77
医師の目から見たアフガニスタン…88
イラクの「民主化」――劣化ウラン弾と神経ガスの被害…94
イスラエルの占領の実態…98／ヨルダン川西岸地区の内部でもある医療格差…103
軍事封鎖され出入域が困難なガザ地区…112／占領と貧困による健康悪化と若者の絶望…119
ガザに寄り添う強い思い…128／医療と教育は待ったなし…136／中村哲さんとの思い出…140
9・11以降の「対テロ」戦争は何だったのか…144／「対テロ」戦争への日本の加担…152
平和的生存権――日本国憲法の先駆性…155
安保法制違憲訴訟――平和の想像力が欠如した判決…159／ロシアの軍事侵略と日本国憲法…167
アイヌ問題――北海道の団体としてこだわる…171

終章…175　清末愛砂

第１章　緊急対談

2023年10月7日の
ハマースの急襲と
イスラエルの軍事行動をどうみるか

猫塚義夫×清末愛砂

ガザ南部にある国連パレスチナ難民救済事業機関（ＵＮＲＷＡ）のバニー・スヘイラ女子学校で開いた出張アトリエ（絵画教室）に参加した少女。封鎖下の貧困に苦しむ様子が描かれている（2019年10月）。

清末　10月7日のハマースによるイスラエル急襲が起きたとき、私たち北海道パレスチナ医療奉仕団（以下「奉仕団」）は、札幌で第15次パレスチナ医療子ども支援活動の事前報告会を行っていました。10月23日から現地に行く予定で何か月もかけて準備を進めてきたのです。報告会でその一報を耳にしたとき、急襲の規模がどれほどのものであるのかはわかりませんでしたが、イスラエルによる大規模な軍事作戦を招く、そして数多の犠牲者が生まれることになる大変な事態に発展すると強く動揺しました。残念ながら、予想通りに事態は進んでいます。パレスチナで医療支援活動に長年携わってこられた猫塚さんは、医師としてこの急襲をどのように考えておられるでしょうか。

16年間封鎖された世界最大の「天井のない牢獄」

猫塚　多数の犠牲者を出したハマースによる急襲は理由が何であれ、命を守る医師として絶対に容認することができません。まず、これがなんとしても止められなければならないことでした。また、それへの対応として現在行われているイスラエル軍の大規模軍事攻撃は、2007年から封鎖されているガザに対するこれまでの大規模な攻撃のなかで最も大きなものです。例えば、北部のジャバリア難民キャンプのように人口が密集している場所に大きな空爆がなさ

イスラエルのエレツ検問所を抜け、ガザ側の検問所に向かう通路
（2018 年 11 月）

れていること、これまでの軍事攻撃とは違い事前警告なしに空爆していること、複数の病院や住民が避難している国連の施設も空爆されていること、医師や看護師、負傷者を運ぶ救急隊員も殺害され、子どもや女性、高齢者の犠牲も大きいことなどから、多数の犠牲が生じることを前提とする、またはそうなることを厭わない無差別攻撃が行われていると考えていいように思います。死傷者がこれほど夥しい数で増加していることからもいえるでしょう。

定期的にパレスチナに派遣団を送り、活動をしている地区の一つであるガザが、こうした被害を受けていますので、そこの病院の患者、医師や看護師、救急隊員その他の職員、病院と連携している方々が一体どうなっているのか、とても心配しています。

同時に、日本を含む世界各国の人々には、ハマースの急襲とイスラエルの軍事行動が、どのような背景で起きてしまったのかをぜひ考えてほしいと思います。ガザの人々はイスラエルによる軍事封鎖で、ほとんどガザの外に出ることができない世界最大の「天井のない牢獄」といわれるところに16年間住んでいるのです。ですから、16歳以下の子どもたちは生まれたときから戦争しか知らないのです。16年間で中大規模な軍事攻撃が4回ありました。今回で5回目です。小規模なものは無数にあります。8歳以下の小さい子どもたちは、イスラエルの軍事攻撃におびえながら生活を送っています。封鎖により、物資の搬入出が制限されてきたことから、経済がまったく立ち行かなくなっており、多くの失業者がいます。失業率は平均50%、15歳から28歳までの若者に限定すると、60~70%の失業率にあえいでいます。

明日の希望もなかなか想像しにくい人々のことを考えてください。いったい誰がこうした状態にしたのでしょうか。パレスチナを占領しているイスラエルが、16年にもわたり封鎖していることが最大の原因でしょう。パレスチナを支援し続けている私たちの要望は、ガザの封鎖を直ちに解除し、ガザの人々に自由を与えてほしいということです。

清末 私は憲法学者なので、物事の判断をする大きなメルクマール、基準の一つは、法の支配にあります。この観点から10月7日のハマースによる急襲とその被害をどう考えるべきかということをこの1週間ぐらい考えていました。

まず、この日にハマースがイスラエルとの境に、ガザのパレスチナ人を包囲する形で囲んでいるフェンスの複数の箇所を破るなどしてイスラエル側に侵入し、兵士を含む多数のイスラエル市民、音楽祭に参加していた外国人観光客、移住労働者が犠牲となりました。また、イスラエル兵や外国籍の者を含む多数の市民が捕虜・人質として、ガザに拉致されました。この事件のうちとりわけ民間人に対する無差別攻撃や拉致は、国際法上も倫理的にもけっして許されることではありません。いずれの個人であろうと生命は同じ価値があるという当然の前提と観点からして、いかなる言葉でも正当化できるものではない。憲法に限らず法学研究者であれば、こう考えるのが通常でしょう。

ここでもう一つ考えなければならないのは、このような恐ろしい出来事がなぜ突然起きたのか、ということです。軍事的衝突は偶発的に起きる場合はあっても、今回の事件のようにおそらく相当に準備をしてなされた事件や本格的な戦争・武力行使は、突然起きるということはないでしょう。ここに至るまでの過程の軸に何があるのか。軸のうえにはこれまで積み重なった関連する出来事が点在していないかどうか、そしてそれらが多数の犠牲者を出す急襲をなぜ生んでしまったのかということを包括的に考えなければなりません。つまり、始点と過程と結果がどうつながっているかということなのです。

その観点から、私は自分がそれなりに長い間関心を持ち、実際に現地での子ども支援活動などへのかかわりから観察して見えてきた法の支配のリアリティを振り返っています。法の支配という意味では、東エルサレムを含むヨルダン川西岸地区とガザを占領しているイスラエルは、これらの地区で批准国でありながら、ジュネーヴ第4条約（戦時における文民の保護に関する1949年8月12日のジュネーヴ条約）などに抵触する行為を継続的に繰り返し、パレスチナ人の生活を大変圧迫してきました。これらの行為も法の支配からすれば、けっして許されることではないのです。もっともイスラエルからすれば、ヨルダン川西岸地区やガザは被占領地ではなく、国際的に帰属が決まっていない係争地ということになるでしょう。しかし、そのような解釈はリアリティからかけ離れており、実際にやってきた入植地の建設を含む諸々の行為を考えても、国際的に通用する解釈ではありません。

時間が前後しますが、1948年のイスラエルの建国の過程で多数のパレスチナ人が虐殺されたことや故郷から追放されたことも頭に入れておかねばなりません。パレスチナ難民の帰還権は国連総会決議194号（1948年）で認められていますが、いまなお実現されていません。

少し具体的を出します。私はヨルダン川西岸地区で実際に目の前でUNRWA（国連パレスチナ難民救済事業機関）の学校が攻撃を受けているのを見たことがあります。イスラエルの町で自爆攻撃を含む襲撃を犯した者の家族の家を破壊するといった、連座刑に相当するような行為もなされてきました。家屋が破壊されるときの大きなダイナマイト音を数回聞いたことがあります。家族の生活がある家が、私が数日前に昼食やお茶をごちそうになった方の家がその音とともになくなるのです。不特定多数の民間人を巻き込む残酷な自爆攻撃が認められるものではないことはいうまでもありませんが、その行為の責任を家族に背負わせるということは法の支配から考えてもおかしなことです。

ガザに関しては、２００６年のパレスチナ立法評議会選挙でハマースが勝利したことを受け、イスラエル、国際社会、ファタハが一体となってハマースのガザへの追放がなされました。そして、２００７年から今日までの16年という長い期間、「安全保障」の名の下で軍事封鎖されてきました。人だけでなく物資の出入域にも厳しい制限が課せられてきました。ガザの人々の移動の自由を奪うとともに、生活を適切に維持することができるインフラの稼働を損なわせ、経済活動にも打撃が加えられてきました。これは、ガザの人々に対する明らかな集団懲罰であり、国際法上、認められるものではありません。人を緩慢に、そして継続的に追い込んでいく残酷さがともなうものです。同じ価値の命という意味でも許されることではありません。

さきほど、猫塚さんがおっしゃったように、まさに世界最大の「天井のない牢獄」ですね。そもそも、国際法上、そんなものは存在し得ないものです。つまり、法の支配が安全保障の名の下で著しく揺るがされてきたということです。法の支配という場合、例えば、今回のハマースの急襲、イスラエルがこれまで行ってきた数々の行為、ハマースの急襲をきっかけとする今回の大規模な無差別攻撃のすべてが問題でしょう。例えば、ガザのゲート7か所のうち、イスラエルの管理下にある6か所を完全封鎖し、電気・水・燃料も入らないようにライフラインを止めるなど、このようなことを国際法は許しません。

ライフラインが握られるのは今回だけでなく、それは継続されてのことです。ガザの人々の生命は手玉に取られてきたのです。こうした状態を国際法違反と指摘するだけでは何も変わりません。それは国際文書でもすでになされていることです。国際社会がやらなければならないことは指摘の先にあります。つまり、こういう状況を可能にすることを止めさせなければならないということです。逆にいうと、いずれか一方ではなく、国際法が完全なものではないとはいえ、その公平な適用と実効性がなければ、今回のロケット弾攻撃を含むハマースの急襲、これまでのイスラエルの一般市民に危害を加えるロケット弾攻撃をいくら国際法違反だと指摘しようとも、それらを糾弾しようとも、結局のところ何ら説得力を持たないのです。そもそも法の支配がきちんと生きていれば、例えば、１９６７年の国連安保理決議２４２号が要請するように占領は早期に終わっていたでしょうし、また今回のような出来事は起きなかった可能性も高いでしょう。当事者がいずれにせよ、違法行為は違法として適切に問題化されることが、最終的には人命尊重の人権を確保していくことにつながります。

いうまでもなく、イスラエルには国連加盟国の主権国家として自衛権があります。しかし、それは、ただちに、ハマースの急襲以降のガザ全体に対するいかなる攻撃をも自衛権の名の下で法的に正当化できることを意味するわけではありません。今回の事件だけでなく、過去のガザを含むパレスチナに対する数々の軍事行動についてもしかりです。国連憲章が認める自衛権の行使の範疇にあると考える国々や人もいるかもしれませんが、占領下の非国家主体に対してなされていることに鑑みると、国連憲章に沿って行使できるか否かの解釈は賛否両論があるところです。仮に行使できるとしても、ここで求められるのは必要性や均衡性の要件を満たすか否かという点です。イスラエル軍が行っている軍事攻撃は、すでに猫塚さんが指摘されたように、人口密集地帯に対して警告すらなしに行われており、無差別攻撃に相当するような被害が出ていると思える点から、均衡性はほど遠いと考えます。それどころか日々激化しています。いったい何を目的にしてここまでの破壊をするのか、そのことの意味を深く考えなければならないでしょう。

長くなりましたが、今回の事態の教訓から学ぶことも必要です。そうしなければ、今後も犠牲者が出る余地を与えてしまうからです。軍事力で封鎖し、フェンスや壁で囲むことでイスラエルの安全を保つという考え方が、大変に脆弱であったということです。力で支配しようとしても、イスラエルの人々の安全を守ることはできず、むしろ恐ろしい結果を生むことになりかねないことが示されたのではないでしょうか。これについては、私たちも学ぶべきところが多々あると思います。軍事力で私たちの安全を守ることはできるのかという問題でもあるのですから。

医療現場はどうなるのか

清末　パレスチナの医療現場を見て来られてきた猫塚さんは、今回の軍事攻撃によるガザの医療への影響をどのように考えておられるでしょうか。

猫塚　ご質問の医療について語る前に、ガザとイスラエルとの非対称性について話したいと思います。ハマースとイスラエルの力の非対称性は顕著なものです。例えると、中学生の野球部とメジャーリーガーが試合をするようなものです。力のレベルでは、相手になるようなものではありません。それがいま起こっていることです。

私たち奉仕団は10月15日に、札幌駅前で緊急にパレスチナに平和を求める街頭宣伝を行いま

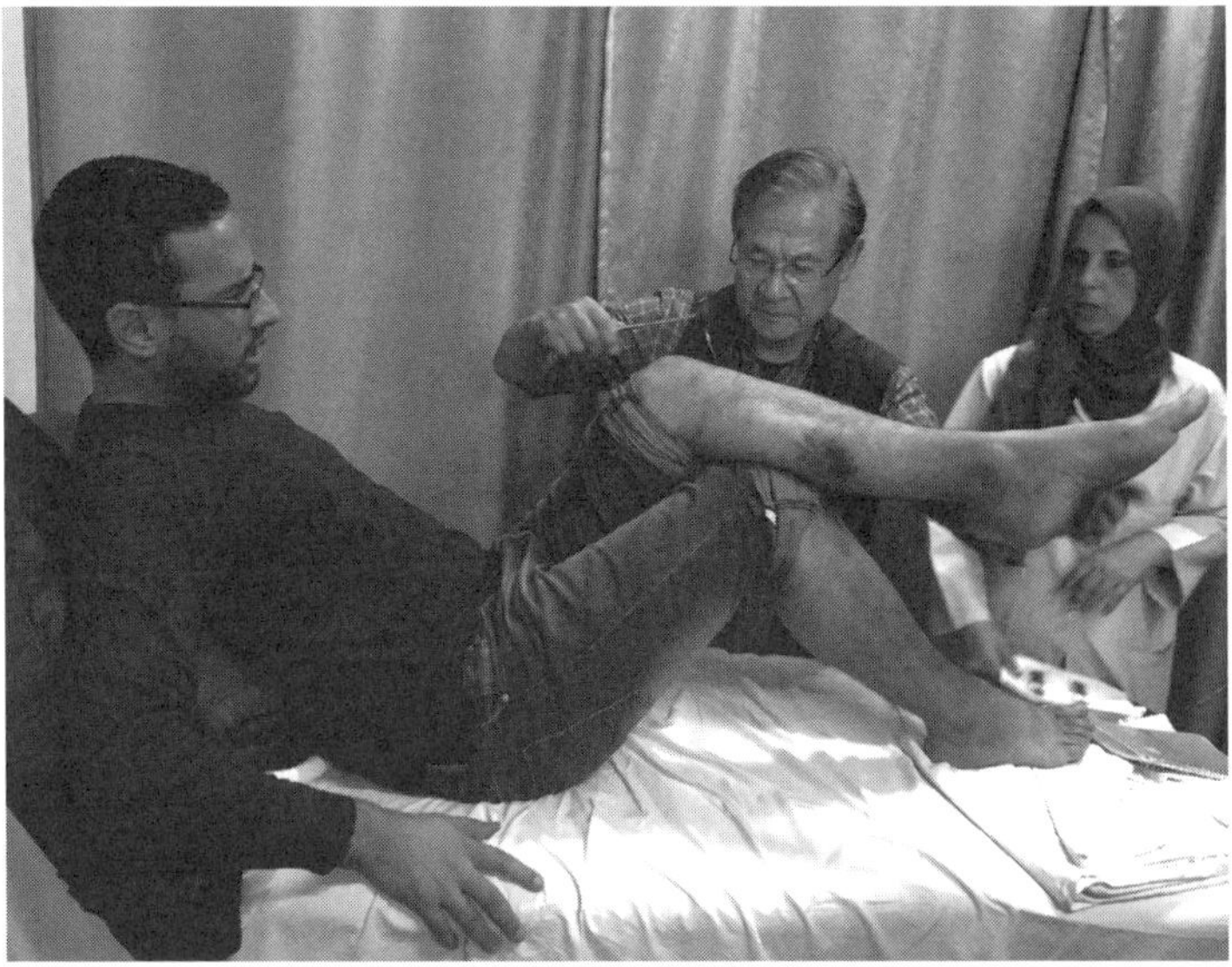

国連ＵＮＲＷＡの北ガザクリニックで診察をする猫塚（2018 年 11 月）

した。その際に、私はガザがもしかしたら１９４５年の東京大空襲のようになるかもしれないと発言しました。しかし、東京大空襲のときに投下された２２００トンの爆弾量が、イスラエルの空爆が始まった最初の２日間で投下され、開始から８日間のうちに投下された爆弾の量は６０００トンになっています。すでに東京大空襲のおよそ２・５倍の爆弾が８日間だけで投下されているのです。空爆の対象となったガザの面積は、東京23区の約３分の１です。そこに２・５倍の爆弾量がすでに落とされ、これから地上侵攻が始まってしまうと、想像を絶するような状況に置かれてしまうでしょう。

ガザではすでに多くの医療関係者は実際

に被害に遭っています。先に述べたように、死亡した医師や看護師もいます。救急隊員もしかりです。多数の負傷者が出ているなかで、どういうことが起きるかというと、負傷者治療が最優先になるということです。そうなると、がんなどで入院している患者は、病院から出て行ってもらうことになるのです。低体重児や妊産婦、透析患者への対応も難しくなります。その結果、まさに医療が完全に崩壊してしまう状況になります。負傷しても病院にアクセスできるとは限らず、爆撃で崩壊したがれきの下に埋まっている人々もたくさんいる状態ですから、正確な人数はなかなか把握できないとしても、死亡者のおおよそ5倍から10倍ぐらいの負傷者が出ます。すでにキャパシティを越えている状態にある病院に負傷者が搬送されても、医療者も治療する道具も医薬品も枯渇しているため、対応が非常に困難です。停電の影響も非常に大きいです。

実際、過去のガザでの医療支援活動のなかで、私が手術室で手術をしているときに停電になったことがあります。真っ暗になりました。そうしたら、看護師や麻酔科医がスマホの灯りを集めて、手術中の私たちの手元を照らしてくれました。私は今回、まだガザに入っていませんが、このような事態がガザの病院でいま起きているのを容易に想像できます。

以前、私たちが医療支援していたときにも空爆を受けたことがありました。私たちは別々の宿舎に滞在していましたが、いずれにせよ４００メートルから７００メートルぐらいのところにミサイルが飛んできました。そのとき、私たち全員が着弾時の閃光、ものすごい震動と爆風、そして煙を経験しました。

そのときに、すぐガザから出るべきか残るべきか、メンバーで議論しました。日本政府代表事務所からもガザからすぐ出るように何度も要請が来ましたが、私たちは大使に、ガザの人々との約束があるから、現地から要請がある限りその約束を任務としてやり切ってから出るといいました。爆弾で攻撃されているガザの人たちを見捨てて、私たちはガザから出ることはできなかったのです。

いままさに同じような状態であれば、ガザの人たちが求める医療支援を特にやりたいという気持ちが心のなかに強くあります。清末さんを含む私たちは、この10月23日から約1か月の予定でガザと東エルサレムを含むヨルダン川西岸地区で医療・子ども支援活動を実施するための準備をしてきました。しかし、今回のハマースの急襲とその後の情勢を受け、派遣団のメンバーの安全などを考え、当面は延期することにしました。支援が再開できるようになれば、パレスチナに行き、現地のニーズにあわせていままで通り医療・子ども支援活動を展開したいと考えています。

いつも支援活動を終えて、ガザを出るときは後ろ髪を引かれる思いになります。私たちは封鎖下の空間から出て日本に帰ることができるわけですが、ガザの人々はそこに押し込まれたままでです。それは本当に辛い思いですが、今回の事態はこれまでとは比較することができないほどの惨いものです。本当に心の痛みを覚えます。

子どもたちはどうなるのか

猫塚　清末さんからも、ガザでの活動を通して考えたことを話してください。

清末　病院は人の命を助けるところであるはずなのに、猫塚さんが指摘されたように、現在のガザの病院は負傷者が次々と運ばれてくるため、もはや治療ができるキャパシティを完全に超えてしまっています。病院が極めて限られた条件であっても対応できないだけでなく、遺体の安置所にすらなっている事態。そういう状況は、人間が生きるところ、住むところなのかと思わざるを得ません。心の底から、これが人間なのかと思うのです。しかも、このような状況がいま、世界の人々の目の前で起きているのです。そのことを国際社会は恥じるべきです。

私たちがこういう話をすると、猫塚も清末もハマースを擁護していると短絡に思う方もいるでしょう。私はこれまでのロケット弾攻撃も、今回のロケット弾攻撃を含む急襲も擁護しません。法学研究者である以上、それはできないのです。

しかし、繰り返しになりますが、私たちは現場の活動を通して、始点は10月7日ではないということを否応でも知っています。知りたくなくても、占領下のリアルな状況が私たちに教えてきました。私は23年間、医療奉仕団の活動はじめ、パレスチナにさまざまな形でかかわってきました。だからこそ、過去にいろいろな国際法違反の現場を実際に目にしてきたという話を先ほどしたのです。私の観察の一端として。私をハマースの擁護者・支援者と思う方がいるとすれば、それはあまりにもイスラエルの建国・パレスチナ難民・ガザとの関係性、占領下の統治方法の変化とガザの位置づけ、占領下の構造的暴力に対する理解が足りないということになります。軍事封鎖によって、どれだけ多くのガザの人々が困窮を強いられてきたのか、精神的な圧迫を受けてきたのか。封鎖がなければ起きないことなのです。

加えて、ガザの人々によるハマースに対する評価というものも、時代に応じて異なりますが、手放しで賛同していたわけでも、不満の声がなかったわけでもありません。むしろ、ハマースに対する不満の声や人権の観点からの批判は以前からありました。これだけ人々が困窮しているのに、ハマースは自分たちを助けてくれたか、状況の改善につながることをしてくれたか、と思う人々はいるわけです。貧困を何とかしてほしいという切実な声をあげる者に対して、ハマースが弾圧することも起きてきました。ただし、それはハマースの責任の視点だけからとらえることはできません。例えば、貧困問題は、封鎖の構造が必然的に生んできたものです。これらから考えていくと、ガザの人々は、主にはイスラエルの封鎖や爆撃とハマースによる抑え込みという二重の苦しみを強いられてきたといえるのではないでしょうか。長期間にわたり強い苦しみを多面的かつ多重的に受けてきたであろうガザの人々こそが、ハマースのやり方や今回の急襲事件を最も批判したい立場にいるのではないか、と考えざるを得ません。

少し横道にずれました。活動に沿って話します。奉仕団の活動のなかで、私は趣味をいかして、学校やクリニックを使った出張アトリエ（絵画教室）の実施を担当してきました。ガザには、その活動を通して知り合った子どもたちがたくさんいます。いま、生きているのかどうか、家族は無事なのか、家は壊されていないのかなど、わかりません。この子たちが空爆下で震えている、泣いている、いやもしかしたら……と思うと、耐え難いです。

昨年の8月、ガザを出る最後の日の午前中に、北部のジャバリア難民キャンプのUNRWAクリニックで出張アトリエを実施しました。参加した子どもたちは、北海道新聞で作った兜をかぶり、内面はいろいろな思いが詰まっているはずですが、表面的にはとても楽しそうに笑顔で参加していました。自由のない抑圧的な環境で、希望をなかなか持つことができない日常生活のなかで、絵を一緒に描く表現活動をすることでつかの間の楽しい時間を持ってくれたのかもしれません。

過去に私がガザのほかのところで出張アトリエをしたときに、偶然参加した子がいて、終わりかけのときにお母さんと一緒に話しかけてくれました。「前も来てくれたよね。覚えてる。また来てくれて嬉しい」と。猫塚さんがおっしゃったように、彼女が住むジャバリア難民キャンプは、イスラエル軍の空爆が始まって早い段階で攻撃されました。子どもたちは家族とともに国連の学校などに避難できているのか。避難できていても、そこも攻撃を受ける可能性もあります。そうでなくても水も食料も足りず、ぎゅうぎゅうに詰まったなかで、衛生状態も非常に厳しくなっているでしょう。

ガザ北部のジャバリア難民キャンプ内にある国連のクリニックで開いた出張アトリエの様子（2023 年 8 月）

　ガザの人々の多くは、誰がハマースの関係者・戦闘員であるのかを知らない場合がほとんどです。なので、ハマースがいるところを攻撃するといっても、誰が関係者なのかはわかりませんから、自分が

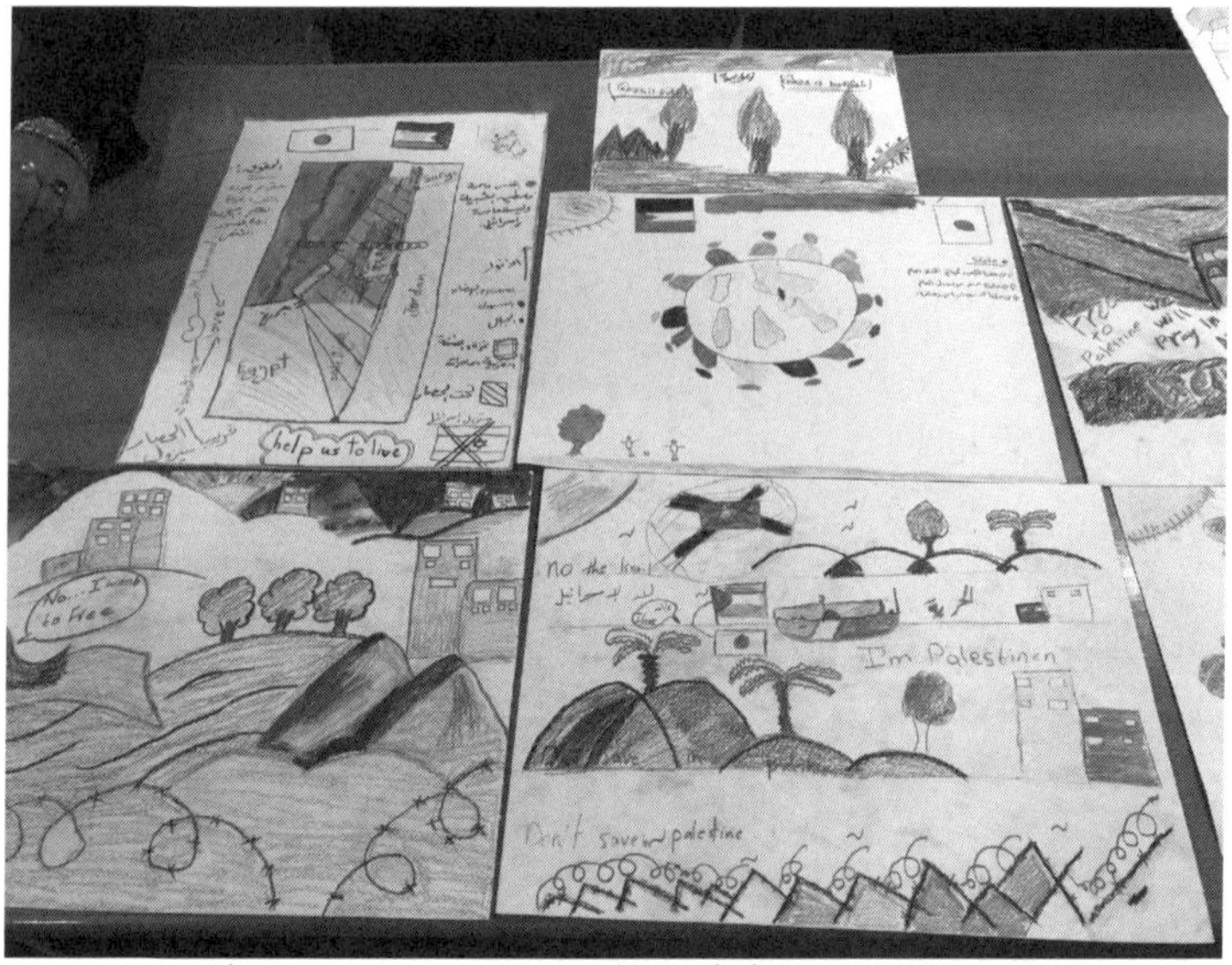

UNRWAデイル・アルバラ男子学校（ガザ地区）で開いた出張アトリエで少年たちが描いた絵。封鎖の様子がよくわかる（2019年10月）。

住んでいるアパートが攻撃されるかもしれないということはわからないのです。以前のイスラエル軍はターゲットとなった建物の住民に攻撃のちょっと前に警告をしていましたが、今回はそれもないと聞いています。なので、逃げることなく家族とともにいると空爆され、崩れた瓦礫の下に人々が埋まるという状態になるのです。ガザの人口の40％以上が18歳未満の子どもです。その子どもたちが無差別攻撃でたくさん犠牲になっています。国際社会の目の前で公開処刑が起きているのに、それを問題視するどころか、自衛権の名の下で正当化する国々があります。それを可能にさせている責任が私たちにはあるのではないでしょうか。

再びガザをめざす私たちの今後の課題

清末　ハマースの急襲以後のイスラエルによる軍事行動は、一刻も早く止めなければなりません。猫塚さんがおっしゃったように、イスラエルとガザの間には、圧倒的な力の差があり、あまりに非対称な関係にあります。そうであるからこそ、ガザに対する軍事封鎖が可能なのです。私たちがいつガザで医療・子ども支援活動を実施できるようになるかは、まったくわかりません。しかし、はっきりしていることは、再び現地をめざそうとすることです。私たちは長年封鎖を強いられてきたガザの人々とともにありたいと思うからです。では、今後の活動の課題について、奉仕団の団長としてどう思われるでしょうか。

猫塚　第15次パレスチナ医療子ども支援活動を延期せざるを得ませんでしたので、現地で活動ができる状況になれば、直ちにガザに行きたいと考えています。そこでは、従来通り、医療支援活動として患者の診察やリハビリテーションの指導をします。そして、子ども支援活動も同じようにやります。もう一つは、現地派遣を通して知り得たことを北海道に戻ったときに、できるだけ多くの人々に知らせます。これらの3つをこれまでの派遣同様にやるのですが、派遣の再開がいつになるかの見通しが立たないため、それまでの間は街頭宣伝や講演会などを開催し、段階ごとに状況をつぶさに伝える活動に重点を置きます。また、可能であればオンラインで現地とつなげ、現地の声と実態、特に医療と子どもの状況を知らせることが、私たちが取り組むべき課題だと考えています。

清末　私の場合は現地を再訪できたときには、現地の関係者と連携し、可能な限り出張アトリエを実施します。すでに空爆下で子どもの心身にさまざまな症状が出ているとも聞いていますので、これまで以上に表現活動を通しての子どもの心の傷のケアについて考える必要があります。その点は奉仕団メンバーで精神科医の香山リカさんらと相談します。

また、女性たちのことも非常に気になっています。というのは、昨年の夏にガザ南部のラファー難民キャンプのクリニックで出張アトリエをしたときに、子どもだけでなく、子どもの付き添いで病院に来ているお母さんたちが喜んで参加してくれたからです。お母さんたちのなかには大学で英語を専攻し、非常に流暢な英語を話す人もいました。南部は北部のガザ市などに比べると、総じてジェンダー構造的に保守的な地域です。そもそもガザ全体に仕事がないので、外で働くとしてもなかなか職場は見つからないのが現状ですが、地域性も加わり、女性たちは家にいることが非常に多いです。そういうなかで、子どもをクリニックに連れていくことが、彼女たちが外出できる重要な機会にもなるのです。そういうこともあって、女性たちは嬉々として、出張アトリエの活動に参加してくれたのです。

子どもたち同様、参加してくれた女性たちが生きているかどうかはわかりません。どれほどの苦悩と辛苦と痛みのなかにいるか、とても気になります。子どもだけでなく女性も含めて、表現活動を通した心の傷のケアの活動に力を入れていかなければなりません。

ガザの人々の間には、２０１４年の大規模な軍事攻撃のときの恐怖心がトラウマとしてしっかり記憶に残っています。だからこそ、現段階でそれ以上の規模になっており、さらに激化することが予想される今回の軍事攻撃が怖いのです。ガザの人々は、子どもであろうと大人であろうと、イスラエル軍の攻撃がどれほど怖いものであるかをよくわかっています。

今回の攻撃から生じるトラウマは甚大なものになることが予想されます。猫塚さん、その辺について解説していただけないでしょうか。

猫塚　例えば、自分の目の前で、友人が武力攻撃により命を落とした。しかも、身体がバラバラになってしまった。そういう衝撃的な経験をした人に、目の前で起きたことをもう一度思い出してもらえるかとなったときには、何ら話ができず、涙だけが流れることがあります。これは通常のＰＴＳＤ（心的外傷後ストレス障害）といえるものでしょう。他方で、長期にわたって繰り返されるトラウマもあります。長い時間的経過のなかで繰り返されるもので、ＣＰＴＳＤ（複雑性ＰＴＳＤ）といわれています。生活のこと、身体のこと、教育のこと、将来のこと、さまざまなことに苛まれて、多面的なストレスが溜まっていきます。それが複合的に混ざり合い、加えて、時間的な経過のなかでいくつも重なっていくことで、CPTSDが裏付けられるのです。ガザの著名な精神科医に会ったときに、ガザの人々が長年の封鎖と繰り返される爆撃によりCPTSDに苦しんでいるという話になりました。

次回の支援活動では、奉仕団のメンバーとして精神科医にも同行していただき、現地で何が必要なのかを専門的に検討し、私たちの活動の幅をさらに広げていきたいと考えています。

停戦になっても問題は山積

清末　いまは一刻も早い停戦が必要ですが、間違っても停戦になって問題が解決するわけではありません。ガザの人々にとってみれば、停戦になっても封鎖が解かれなければ、抑圧的な現状は変わることはありません。猫塚さんがおっしゃったように、CPTSDを引き起こす要素が続いていくのです。

圧倒的な力を有する者により、生きるか死ぬかということを手玉に取られていく。こんな状況をとにかくなくさなければなりません。そのために、国際社会はそういう状況をつくっている違法な封鎖を解除させるために動かなければならないのです。封鎖が続けば、ガザの人々の間では失望が広がるだけです。この問題を私は強く訴えたいのです。

猫塚　先に述べたように、たとえ停戦になってもガザの人々は長期的なケアや支援を必要とします。ＣＰＴＳＤについては、軍事攻撃という意味ではすべての人々にかかわりますが、それとともに、攻撃でたくさんの被害が出ている子どもや女性が抱えている問題、男性でいえば仕事の問題など、それぞれが抱えるストレスを丁寧に見据えたうえで、どうやって治療をしていくのかということを考える必要があります。しかし、治療方法について検討する前に、そもそもどのような実態があるのかを把握しなければなりません。

私の治療経験からガザの人々が抱えるストレスの一つを話します。２０１８年にガザで「グレート・マーチ・オブ・リターン」（Great March of Return）という行動が始まりました。封鎖解除とパレスチナ難民の故郷への帰還を求めて、イスラエルとガザの境にあるフェンスに向かってデモをするのです。それに参加し、イスラエル兵に脚を撃たれて負傷したために仕事ができなくなり、家庭を維持できなくなった男性の治療にあたりました。彼にとっては負傷の後遺症に加え、仕事と家庭の双方を失うことが大きなストレスになりました。

ドメスティック・バイオレンス（ＤＶ）を誘発しかねない場合もあります。この問題も含め、現地では心理療法士を中心に集団的な精神療法にも取り組んでいました。そういうところに私たちの力が少しでも役に立つのであれば、できることをやっていきたいと考えています。

清末　ＤＶは家父長制的社会規範のようなジェンダー構造・秩序に大きくかかわっていま

す。ＤＶをもたらすトリガーはいろいろありますが、ＤＶの本質は相手に対する「支配」です。支配と被支配の関係がジェンダー構造・秩序のなかでつくられてきたのです。ですから、ストレスが直接的な原因というよりは、支配関係があったうえで、さまざまな形態をともなうＤＶに向かうときのトリガーになると考えています。パレスチナにおけるＤＶには、パレスチナ社会の家父長制の問題としてのジェンダー秩序が背景にあるわけですが、トリガーにおける諸々の外的要因とそれを生み出す構造、例えば、軍事封鎖の問題をきちんと見ていかなければならないのだと思います。

日本同様に、パレスチナ社会には性別役割分担が根強くあります。女性たちは日頃から育児や食事の準備などの家事責任を担っています。その延長線上で、例えば、軍事攻撃により避難した先での食事の準備、攻撃による恐怖や不安におののく子どもたちの世話、高齢者の世話など、自身もいつ命を失うかわからない恐怖にさらされながら、それらをどうやってまわしていけばいいのか悩んでいることでしょう。こうした家事に対する責任感や重圧が大きなストレスになるのです。

子ども支援活動を通してラファー難民キャンプの女性たちが喜んでいたように、将来的には子ども連れで女性たちが集まることができる表現活動の場を確保することを計画します。いまは、とにかく一人でも多くの命が助かるように、停戦に向けて私たちができることをしなければなりません。

平和的生存権を明記する憲法前文を持つ国の政府が果たすべき役割

清末　実際のところ、私たちが直接できることは限られています。でも、日本政府に対して、同様の被害が二度と生まれないようにするために動くよう、要請することはできます。今回、政府はハマースの行為を批判し、イスラエルの自衛権の行使を支持しながらも、事態の鎮静化のために双方に対して自制を求める姿勢や停戦を求める姿勢を示しました。これを評価する声も耳にしますが、それは本来的に当然のことにすぎません。それよりも、あたかも自分たちがイスラエルによる占領政策に何ら関係がないような、第三者的振る舞いをすることに疑問を覚えます。いま政府がすべきことは、イスラエルやパレスチナの双方と話ができるといいながらも、実のところ占領政策の継続に加担するような行為を実質的にしてこなかったかどうかをきちんと振り返ることでしょう。それが、全世界の人々の平和的生存権を憲法前文で謳う国の政府がやるべきことです。

日本政府は、例えば、東エルサレムを含むヨルダン川西岸地区におけるイスラエルの入植活動を明確に国際法違反として位置づけていることなどからもわかるように、１９６７年の第三次中東戦争の結果としてのイスラエルによる占領（東エルサレムの併合も含む）自体を、国際法上認められないと考えてきました。しかし、これを含むさまざまな国際法上の違法行為に対して、毅然とした対応を行ってきたとはいえません。つまり、国際法違反の積み重ねを結果的に看過してきたわけです。その意味では、イスラエルによる非道な占領や軍事封鎖を支え、パレスチナ人を見殺しにしてきたといえるのではないでしょうか。そして、そうした政権を選んだ私たち自身の責任も大いに問われると思います。

猫塚　かつて、中東と日本の関係を歴史的に調べて文章にしたことがあります。１９７０年代の田中角栄内閣の頃は、二階堂進氏が官房長官を務めており、日本はアラブ諸国と仲が良かったのです。石油を必要としてきたことがあり、二階堂氏は実利的に考え、イランともサウジアラビアとも、ほかのアラブ諸国とも友好関係を持ち、スムーズな石油の輸入を図っていたのです。ですから、その後も日本は、アラブ諸国に対してもイスラエルに対しても、比較的等距離で付き合っていたのです。

　ところが、そのような対応は徐々に変化していきました。その一番の転換になったのは、２０００年代の小泉純一郎内閣のときです。さらに、２０１５年の中東訪問の際に、安倍晋三首相（当時）は日本とイスラエルの国旗の前で、共同声明を発表しました。これにより、日本はイスラエルとは同盟国とまではいかないものの、準同盟国になったと思いました。時間が前後

ガザ市の夕暮れどきの港

しますが、２０１４年に武器輸出三原則が防衛装備移転三原則に変わりました。その流れを受け、近年では政府間の関係だけでなく、日本の軍需産業とエルビット・システムズのようなイスラエルの軍需産業との商談・協力関係が進むようになっています。武器の技術面でイスラエル企業との関係性を深めるということは、パレスチナ人に対する攻撃に間接的にかかわっていくことを意味します。こんなことはすべきではないと思います。

第２章

北海道パレスチナ医療奉仕団の活動を支える日本国憲法

猫塚義夫

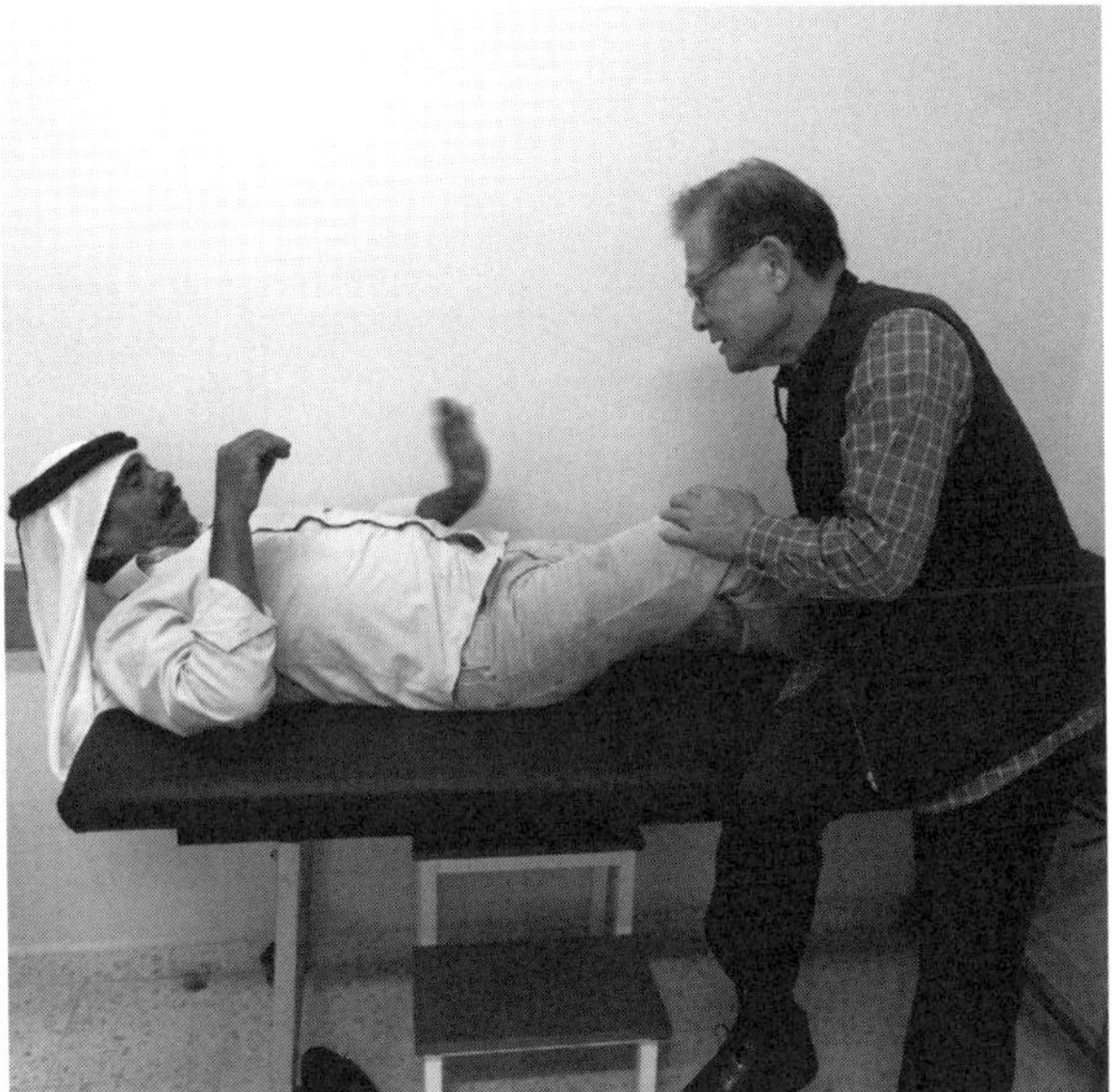

シュアファート難民キャンプ（東エルサレム）の
ＵＮＲＷＡのクリニックで（2019 年 10 月）

1　北海道パレスチナ医療奉仕団とは

２００９年に札幌で行われた「イスラエルによるガザ侵攻反対・キャンドル行進」に参加しました。そこで出会った人たちで「イスラエルの侵攻にさらされているパレスチナ・ガザの住民に何か直接貢献できることはないか」と相談を始めたことが「北海道パレスチナ医療奉仕団」（以下「奉仕団」）の結成へと向かいました。

２０１０年になり、さまざまな議論を繰り返すなかで、封鎖されているガザで人の生命を助けることにつながる医療支援活動を行うことになりました。私の勤務している病院でも呼びかけると手術室で一緒に働く若い卒業後2年目の看護師と女性の理学療法士が手を挙げてくれたのです。

２０１０年7月12日に、病院のロビーに5人が集まり「北海道パレスチナ医療奉仕団」を立ち上げることができました。私が団長となり、建築家の宮島豊さんが副団長となりました。宮島さんの様に医療従事者以外のメンバーの参加は、その後の取り組みの拡がりに大きな役割を果たすことになりました。

「奉仕団」の主な目的は次の通りです。

①パレスチナで、生存に関わる困難な医療状況を明らかにし、診療などの具体的な支援を行う。
②イスラエルの占領下にあるパレスチナの実態を社会に伝える。
③パレスチナでの支援活動を通して、日本社会が抱えるさまざまな問題を見つめ直す。

運営資金は、医療関係者を中心に市民からの募金と自己負担でまかなうことにしました。そして、その根底には日本国憲法、とりわけ前文の平和的生存権が位置づけられました。

早速、エルサレム在住の社会活動家ガリコ美恵子さんに連絡を取り、現地視察の準備に取りかかりました。そして、２０１１年１月に第１回目の医療支援活動を行う計画を立てました。

以後、２０２２年９月までに14回の派遣団を現地に送りました。私たちの現地活動は、温暖なジェリコにある国連パレスチナ難民救済機関（ＵＮＲＷＡ）が運営するアクバッド・ジャベル難民キャンプ内のクリニックで始まりました。その後、副所長（当時）の医師のサリームさんの勧めで東エルサレムにあるシュアファート難民キャンプ内のＵＮＲＷＡのクリニックへ活動拠点を移しました。それにより、イスラエルの占領が引き起こす、より深刻な被害と向き合うことになりました。

一方、２０１４年からそれまでの医療支援活動に加え、活動のウイングを子ども支援にまで広げました。具体的には、音楽・ダンスのワークショップ、出張アトリエ（絵画教室）を通しての支援活動とバレーボールによるスポーツ活動を行っています。

そのほか、日常的には週1回の会議を中心に、年間計画として4～6週間の現地での支援活動、その前後の報告会、5月の「ナクバ」（大災厄。1948年のイスラエルの「建国」の過程でパレスチナが故郷から追放されたりして難民化したことを指す）を記憶するためのイベントなどのほか、必要に応じて現地情勢にあわせた緊急集会を開催したり、教育機関での授業、病院や地域での講演を行っています。

また、私たちは名称的にも北海道にこだわってきました。これは①東京のような大都市に限らず、あらゆる地域から国際NGO活動ができる時代になっていること、および②北海道では先住民であるアイヌ民族とパレスチナ人との共通性があるため、その歴史的反省に基づく連帯の必要性を考えることにしたからです。

奉仕団には、医療関係者とともに建築家や弁護士、研究者や教員、ジャーナリストといった多種多様なメンバーがいます。年齢的には、20代から70代までの幅広い層が参加しています。それぞれが専門の分野を持ちながら、それを生かすことで活動を展開しています。

2　パレスチナの現状への見方の指針としての日本国憲法

「われらは、全世界の国民が、ひとしく恐怖と欠乏から免かれ、平和のうちに生存する権利を有することを確認する」（日本国憲法前文2段後半）

先に述べたように、奉仕団のパレスチナにおける医療・子ども支援活動を理念的に支えてきたのが日本国憲法、特にその前文で示されている全世界の人々を対象とする平和的生存権です。

私なりに「平和的生存権」を少しわかりやすく述べると「世界中の人々が恐れおののきを感じることなく、さまざまな欠乏状態に置かれることなく、平和な社会に暮らすことができることを保障される」とでもなるでしょうか。その辺は清末さんが本書のなかでもう少し詳細を述べてくれていますし、私たちの対談でも触れていますので、それを参考にしてください。

これらの視点を持つことで、苛酷な占領下にあるパレスチナの実態を自分の目で確認することがいかに大切であるかが見えてきました。例えば、イスラエルの占領下にあるヨルダン川西岸地区（面積は三重県程度）では、国際法違反の入植地の建設が続いており、また、パレスチナ人の土地の上に8メートルもの高さの隔離壁が建てられています。全長650キロメートル（直線距離で東京～広島間）にもなるものです。また、各所にイスラエル軍の検問所が置かれています、これらによりパレスチナ人の生活、医療、経済、労働、教育がことごとく分断され、同時に軍事支配のもとで、イスラエルへの抵抗行動は容易に逮捕・拘留の対象とされるのです。それは15歳以下の子どもにも及んでいます。これらは一例にすぎません。

さらに、私たちが2013年以降に「入域」しているガザは、2007年からイスラエルによる軍事封鎖を強いられています。人口約220万人が小さなガザのなかで、自由を奪われ、押し込まれるように暮らしています。現代社会ではとても許されるような状態ではありません。封鎖以後、イスラエルによる陸・海・空からの大規模な軍事侵攻が4回も行われ（2023年10月7日以降の現在進行形の軍事攻撃は5回目）、その都度、多数の犠牲者を出してきました。小さな爆撃はしょっちゅう行われています。1日4時間程度の電力供給しかなく、産業が崩壊し、若者の失業率が60～70％にもなっています。こうして、ガザの人々は「恐怖と欠乏」のもとで封鎖生活を強いられてきたのです。

すでに、15歳以下のガザ住民は、生まれたときから「戦争しか知らない子どもたち」になっています。さらに、2021年5月のイスラエルによる11日間の「ガザ軍事侵攻」では、歴史上はじめて人工知能を利用した軍事作戦が実践に取り入れられ、ガザの人々にさらなる「恐怖と欠乏」をもたらしました。現在行われている軍事攻撃は、これまでにイスラエルが繰り返してきたガザへの軍事攻撃とは比較できないほど破壊的な規模のものです。

こうしたガザを経験すると、「平和」について単に語るだけでなく、それを脅かすさまざまな形態の暴力を実際になくす必要があること、そしてそのための行動の重要性を認識させられます。その意味でも平和的生存権が支援活動を進める際の重要な指針になると考えてきました。そして、日本国憲法が保障するさまざまな権利や自由の視点から、パレスチナの実態を検証していくことも重要だと考えます。なぜなら、占領下のパレスチナの実態をよりいっそう理解するうえでの一つの基準になるからです。しかし、私は、日本国憲法をそのまま機械的にパレスチナへ適用することは厳に慎まなければならないとも考えています。パレスチナには、文化的・宗教的背景を含めたパレスチナの歴史があるからです。国際NGO活動を展開するにあたり、現地の歴史や文化、生活をお互いに尊重し合うことが何よりも大切であると思っています。

3　奉仕団の活動の視点

こうして続けてきた日本国憲法を基軸とした奉仕団の活動で留意してきた点について述べます。

私たちの支援活動の形態は、「お金ではなく、人と技術」を基本としています。活動資金が市民からの募金と自己負担で成り立っている奉仕団に財政的余裕がないため、金銭的な意味での支援は困難です。それ以上に重視してきたのはお互いの信頼関係の醸成でした。その前提条件として大切なのが、お互いの歴史や文化、立場の尊重なのです。

人種や宗教の違い貧富による差別を許さないことは、憲法の恐怖と欠乏から免れることを指摘している平和的生存権の観点からも重要です。２０２０年に米国で起きた、白人警官がジョージ・フロイドさんを殺害した黒人差別事件に対しても、私たちはパレスチナの問題と結び付けて、街頭で市民に向けて「人間の尊厳」を訴えました。支援活動をする側も受ける側も同じ人間です。その時々の状況がその立場を形成しているにすぎず、その立ち位置は常に流動的です。否、むしろ私たちがパレスチナの人々から多くのことを学んでいる場面も多いのです。

私たちの支援はあくまでも外部からのものにすぎず、将来的にはパレスチナ人自身による技術の習得が必須です。これまで、パレスチナから医師3人、看護師2人、理学療法士・薬剤師・教師各1人の計8人を札幌に技術研修を目的に招待しました。病院での研修だけでなく、各方面での講演活動も行い、パレスチナの実態を報告してもらいました。今後計画しているのは、ガザ・イスラーム大学看護学部と北海道の看護学生の交換留学です。

私たちはこれまでパレスチナの各地に「活動拠点」ともいうべき場所と人的、組織的結合を作り上げ、それぞれを毎回の活動行程に必ず組み入れるようにしてきました。東エルサレムを含むヨルダン川西岸では、シュアファート難民キャンプを主要な拠点として、各地の定点観測を行い、パレスチナにおけるイスラエルの軍事支配と暴力の実態を把握してきました。

そのほか、毎週金曜日に東エルサレムのシェイクジャラ通りで行われているイスラエルの入植活動に対する抗議デモ、隔離壁への抗議が行われているヨルダン川西岸地区西部のビリン村、また同地区南部のヘブロン市とそのなかのシュハダ通りで「入植地に抗する若者たち」（Young Against Settlement）を設立したイッサ・アムロさん、最近は、以前清末さんが活動した同地区内のヨルダン渓谷（その多くはオスロ合意上、イスラエルが行政権と治安権を有しているC地区）で活動をするラシードさんらが率いる「ヨルダン渓谷連帯委員会」（Jordan Valley Solidarity）とも連携を深めています。その他、同地区内のラマッラーやキリスト生誕の地で知られるベツレヘム、北部のジェニーン、そして私たちが2011年に初めて支援活動を始めたジェリコなども活動の地です。

一方、封鎖が続くガザでの活動にも力を入れています。ここへの「出入域」には、イスラエル軍からの入域許可書が必要です。その取得がなければガザに入域することはできません。毎回UNRWAの清田明宏保健局長の助力により、UNRWAのガザ地区現地事務所経由で入域許可証を取得しています。したがって、ガザでの主な活動拠点は、UNRWAの各クリニックや学校となっています。現地では、午前中にUNRWAのクリニックでの診察と学校での子ども支援活動を行います。午後からは、医療技術者を対象とするセミナーの開催、JICA現地事務所や支援活動を通して知り合い、連帯してきた病院や友人たちとの交流活動を図ります。そして可能な限り、ガザの人々の現状把握と意見交換を行います。しかし、夜間のガザは停電による「漆黒の闇」に支配されます。そして、同時にイスラエルからのミサイル攻撃が集中する時間帯でもあります。したがって、安全対策上もヨルダン川西岸地区とは異なり、夜の活動はできるだけ控えることにしています。

ところで、日本では駐留米軍が集中し、施政権返還前は米国に占領されていた沖縄と、イスラエルの軍事支配が続くパレスチナには、人権侵害をはじめ多くの共通点があります。米軍基地を囲むフェンスは、パレスチナの隔離壁を想起させます。２０１５年には、シュアファート難民キャンプからサリームさんを招いて沖縄の５か所で、「パレスチナ・イスラエル問題講演会」を開催し、高江でのヘリパッド建設反対の座り込み行動にも参加しました。一方、２０１８年には、シュアファート難民キャンプにおいて、清末さんによる「沖縄をめぐる問題」に関する講演会を開催し、双方の共通性を深化させるとともに、連帯を深める機会を持ちました。

さらに、私たちが住む北海道では、先住民であるアイヌ民族が大日本帝国の収奪的な国家政策の結果、さまざまな差別やそれゆえの貧困を強いられてきました。パレスチナでは、１９４８年のイスラエルの「侵略的建国」により、先住民のパレスチナ人が故郷を追われて難民化し、今日の「パレスチナ・イスラエル問題」がつくられてきました。

こうした沖縄とパレスチナが被ってきた不正義を巨視的に考える際には、平和的生存権の解釈を植民地支配の視点から理解していくことが重要だと考えます。

4　奉仕団の活動を支える日本国憲法の視点

以上の活動を支え、持続するうえで大切になるＮＧＯの組織論においても日本国憲法の視点が肝要です。まず、メンバーが自発的な意思で参加するボランティア活動には、個々人の自由な意思に加え、活動上での徹底的な民主主義が大変重要です。私たちの活動に同意できるのであれば、誰でも参加が可能です。活動への参加形態もさまざまで、パレスチナでの現地活動に参加できるメンバーもいれば、諸事情で国内での活動に専念するメンバーもいます。各人の事情と得意分野での活動を保障し合えるのが大切です。

個々人の意思と多様性を前提にして、私たちの活動が組み立てられています。そのために、設立以来10年以上、週1回の会議が開催されてきました。各回の会議の成功が、多彩なメンバーで構成される奉仕団を作りあげてきました。会議で多くの意見を交わし、報告を共有します。加えて、月1回ベースで開く勉強会で奉仕団の質的強化を図っています。コロナ禍もあり、2020年3月からはこれらがすべてオンライン化され、札幌以外のメンバーでも遠くは東京や京都から参加することが可能となりました。直接対面で議論できない不自由さもありますが、より多くのメンバーの参加が保障されるようになりました。新型コロナウイルス感染が減少した後もオンラインでの会議を続けてきました。そうであるからこそ、2022年8月に、「第14次パレスチナ医療・子ども支援活動」を3年ぶりに実施することができたのです。

以前の現地派遣活動では、医学部の学生とイスラエルに留学中の大学生の参加がありました。同時に、年配の方々にも定年後の第2、第3の人生としてのかかわりを呼びかけています。こうして、幅広い年齢構成ができあがりました。どの世代にも「夢と希望」が必要なことはいうまでもありません。特に、ボランティア活動の継続には、自分への学びがあることが必要です。

また、組織の多様化と活性化を保障するために、設立当初からジェンダー平等の尊重に重点を置く努力を意識的に重ねてきました。これが奉仕団の性格を柔軟性と持続性のあるものに進化させていると確信しています。

数週間にわたる現地での活動に参加するためには、一定期間の休務が必要です。日常的に職場や家庭、地域におけるパレスチナ支援活動への理解とともに、メンバー個人への支援がなければなりません。そのためには、日頃から職場での信頼関係の構築が重要です。出発時には「気をつけて、行ってらっしゃい!!」、帰国時には「無事に帰ってきてよかった!! 様子を聞かせてね。また一緒に仕事をしましょう」という関係性を築くことが欠かせません。

先に述べたように、私たちの活動資金はすべて市民からの募金と自己負担で成り立っています。最近は、クラウドファンディングで目的別に資金の確保に務めています。活動初期には、「企業からの募金（献金）を受けたら」との意見もありました。しかし、私たちは、ボランティアベースの国際NGOですので、活動資金はあくまで募金が基本と考えてきました。政府の外郭団体から資金提供を受けたり、企業からの「献金」が入ったりすることで、私たちの考え方や活動に規制が加わることがあってはならないからです。これからも自主・自立の国際NGO

として活動を継続していく予定です。

ところで、日本国憲法が9条1項で放棄している戦争や、武力紛争は最大の環境破壊をもたらします。それは、人命の尊重とは対極にあります。そして、持続可能な社会の基盤そのものを乱暴に破壊してきました。戦争の現場で繰り広げられる殺戮はもとより、破壊による国とコミュニティの崩壊は人類に悲惨な歴史を示してきました。また、軍事費増大は、格差や貧困がはびこる社会を形成し、医療・福祉の劣化はもとより失業者を増大させ、人権弾圧と戦争へ向けた思想動員にもつながりかねません。活動を進めるうえでは、こうした意識を持つことも重要です。

おわりに

私たちの取り組む活動は、内容的には多数派でも形の上ではむしろ少数派です。さまざまな社会活動も私たちと似たような境遇にあるかもしれません。基本的人権の尊重を最も大切にする日本国憲法を生かすとともに、他の関連団体や運動との協力・共同を可能な限り進めていきたいと考えています。その結果が奉仕団のさらなる発展にも反映されていくことを期待しています。

第３章

憲法研究者がなぜ国際支援活動にかかわるのか

──平和的生存権と法の支配へのこだわり──

清末愛砂

シュアファート難民キャンプ（東エルサレム）のＵＮＲＷＡのクリニックで（2019 年 10 月）

1　モハンマドの死と人間であることの恥

23年前の2000年12月、大学院生だった私に「人間であることの恥」について、強い痛みとともに教えてくれた地があります。それがガザでした。当時は封鎖が始まっておらず、イスラエルの入植地もありました（2005年にガザから撤退）。私は、その年に始まった第二次インティファーダ（民衆蜂起）の背景にあるイスラエルの占領の実態を自分の目で確認しながら学ぶことにし、2週間の予定で日本の友人とともに被占領地（東エルサレム、ヨルダン川西岸地区、ガザ）などをまわっていたのです。

エルサレムとヨルダン川西岸地区では、イスラエルとパレスチナ双方の人権団体・女性団体で聞き取りをしたり、人権団体のフィールドワーカーに案内してもらったりしながら学びを深めていました。しかし、ガザでは最南部のラファーに住む某パレスチナ人一家を訪問する以外は、行き当たりばったりのような旅をしていました。

南部のハーン・ユーニスを友人とともに歩いているときに、最近、従弟のモハンマドをイスラエル兵に射殺されたという大変親切な大学生に会いました。旅の主旨を伝えたところ、遺族の家に連れて行ってくれることになりました。学びの旅とはいえ、見知らぬ遺族をいきなり訪ねていいものなのか、また遺族に息子の死について尋ねていいものなのか、正直迷わないわけではありませんでした。一方、学びの旅のなかで、占領下の現状を知ってほしいというパレスチナ人の切実な願いがあることも感じ取るようになっていました。最終的に、学びに来たのだからと言い聞かせて、後者を選んだのです。

遺族によると、死亡時15歳の少年であったモハンマドは、数日前に入植地に向かって投石をした親友がその入り口に配置されているイスラエル兵に射殺されたことへの怒りと、占領に抗する意味を込めて、親友同様に入植地に向かって投石をしたのだろうということでした。

入植地のすぐ近くに住んでいたモハンマドにとって、その存在は、パレスチナ人を武力その他の方法で支配する者たちを映し出す、最も身近なものであったことでしょう。私は自分の目で投石地点と入植地の入り口までの距離を確認しました。届くはずもない距離でした。仮に届く距離であったとしても、投石は入植地の安全を脅かすものになるはずがなく、子どもを撃ち殺していいことにはなりません。しかも、射殺した兵士は処罰すらされません。任務上の必要性や自衛の理由などにより免責されるのです。これはたくさんある同様のケースの一例にすぎません。そして、そのすべてが許されてはならないことです。

モハンマドの投石地点に立ちながら、落ちていく太陽に目を向けていた私の心のなかに、「人間であることの恥」という言葉が浮かび上がってきました。それはモハンマドの例に見られる射殺事件やそれを看過する行為だけを指すのではありません。己の行為が見られているにもかかわらず、見られていないと思い込むことを含みます。人間はその思い込みにより行為を正当化し、次の行為に移っていくのです。反省なきままに。これを人間であることの恥といわず、なんと表現できるのでしょうか。この発想が貫かれていけば、いかなることになるのか。国際社会はいま、貫かれようとしている出来事を現在進行形で見ているのではでしょうか。

私は、人間であることの恥がジェノサイドを生むと考えています。このような動きを止めるためには、万能ではないとはいえ少なくとも①不処罰の歴史を止めること、②法の適用の回避を目的とする曲解を認めないことを含む法の支配を追求すること、③法の支配が政治的圧力により揺るがされないことの3点が必要不可欠だと考えています。なお、法の支配が重要なのは、ジェノサイドを起こさないようにするためだけではありません。構造的暴力を含むあらゆる人権侵害を抑制する手段の一つになりうるからであり、同時に人間の尊厳を保ち、それが侵害された場合の（一部であっても）回復につながる正義の手段の一つだと考えるからです。

2 「戦争反対」のスローガンでは解決しえないもの

右記の経験以降の私は、人間であることの恥について考えることを自分なりに大切にしてきました。もっともモハンマドの死を知った時点では、それが①23年後の現在にいたるまで、パレスチナにさまざまにかかわり続けるきっかけとなり、②憲法研究者としてそのかかわり（行動）を日本国憲法前文2段後半の「平和のうちに生存する権利」（平和的生存権）の確認作業と位置づけたり、③イスラエルとガザの関係をDV加害者の論理を応用する形で分析したりするようになるとは、思いもしませんでした。

研究やそれに基づく何らかの行動は、一つの出来事を知ることから始まるのかもしれません。私の場合はそうです。アフガニスタン初の独立系のフェミニスト団体である1977年創設のRAWA（アフガニスタン女性革命協会）の研究や連帯活動をするようになったのも、2001年のアフガニスタン戦争がきっかけでした。軍事的に世界最強の米国が、世界の最貧国の一つであるアフガニスタン──しかも米国を攻撃していない──に対し、軍事攻撃をすることのあまりの非対称性に矛盾と憤りを覚えたからであり、それに対して堂々と立ち向かう声明を世界に向けて発したRAWAに圧倒されたからです。加えて、アフガニスタン戦争の論理として、途中からターリバーンに抑圧されているアフガン女性を前提に「女性解放」が持ち出されたことに峻烈な怒りを抱いたからです。

RAWAへの関心が結果的に、2004年結成の「RAWAと連帯する会」の活動への参加につながり、現在では同会の共同代表を務めています。共同代表というのは名前だけのことで、事務局内での私の主な担当業務はＲＡＷＡとの相互連絡（窓口）です。なお、同会の設立の背景には、２００２年10月にジョージ・Ｗ・ブッシュの戦争犯罪を裁くために発足された「アフガニスタン国際戦犯民衆法廷」（ＩＣＴＡ）実行委員会にＲＡＷＡが参加し、調査にあたり全面的な協力をしてくれたことがかかわっています。ＩＣＴＡの終了でＲＡＷＡとの関係も終わりになるのではなく、むしろ関係を発展させていくために、ＲＡＷＡと連帯する会が結成されたのです。より具体的にいえば、創設から女性の権利、自由、民主主義を求めて闘ってきたＲＡＷＡからの学びを継続させ、その学びを通してＲＡＷＡとのつながりを「連帯」として模索していくためでした。こうした経緯があるので、私たちは「支援する側・される側」といった関係ではなく、あくまで「連帯関係」にあるという意識で活動を進めています。

ところで、パレスチナのことにせよ、アフガニスタンのことにせよ、当初の私は軍事攻撃の問題だけに目が行きがちでした。それは、目につきやすい残酷な被害をもたらすものであるからです。しかし、その視点だけでは、それ以外の人権侵害・抑圧の形態とそれを生み出す構造を軽視することになりかねません。私が狭い視点に陥りがちであったのは、理論的にはわかっているものの、どうしても現場で目に入りがちな出来事から無意識のうちに戦争がない状態を平和だと考える「戦争と平和の表裏一体性」にとらわれてしまっていたからでしょう。

その限界に気がついたのは、パレスチナへの訪問を重ねることで、占領が生み出す被害が多様であり、軍事攻撃が起きていようがいまいが、占領政策により人々が翻弄され、行為の一つひとつにその影響が及んでいることを学んだからです。また、占領を支える構造が外的なものを含む諸々の要因の層から形成されるバームクーヘン状態にあること、そして私を含むパレスチナの外に住む者もその一つの層になっていることを認めざるを得なかったからです。それを通して、〈平和〉というものを幅広くとらえることの必要性を再認識させられました。たしかに、軍事攻撃は人命に対して多大な被害を一瞬にして生むものであり、それが起きているときは、「攻撃反対」「戦争反対」「停戦を」の訴えに説得力がありますし、それをいわなければならないときでしょう。しかし、そうではないときに「戦争反対」と訴えたところで、現実の抑圧状況に合っているでしょうか。その場合に求められるのは、例えば、ガザであれば「封鎖の即時解除」です。パレスチナの被占領地全体であれば、「オスロ合意の見直しを」「占領の終結を」です。

3　平和的生存権にこだわる理由——確認作業とは

日本国憲法の平和的生存権の鍵となる言葉は「恐怖」と「欠乏」であり、基本的にはこれらからひとしく解放される権利が平和的生存権ということになります。そのルーツは、日本独自のものではなく、国際的な流れのなかにあります。まずは、1941年1月にフランクリン・D・ルーズヴェルト米大統領（当時）による「4つの自由」宣言です。そこには、①言論の自由と②信教の自由とともに、③欠乏からの自由と④恐怖からの自由が含まれていました。この宣言に基づいて作成されたのが、「大西洋憲章」（1941年8月14日）です。同宣言は、恐怖と欠乏からの自由を平和の確立と結びつけています。この流れは、日本国憲法だけでなく、1948年採択の世界人権宣言の前文、1966年採択の社会権規約と自由権規約の各前文にも踏襲されています。これを見るうえで重要な点の一つは、平和が人権と不可分な関係にあるとする道筋がつくられてきたことを理解することにあります。

では、恐怖と欠乏は何を意味するのでしょうか。憲法学の分野では、恐怖を第一義的には戦争や武力行使ととらえる傾向があります。私自身がパレスチナで数えきれないほど多くの武力行使の現場を目にしてきた経験からも、戦争や武力行使は、人に恐怖心を抱かせる究極的な暴力の最たるものと思っています。しかし、けっしてそれだけに限定されるわけではありません。恐怖の形態はさまざまです。私たちの足元にも恐怖を生み出す暴力は多様な形で存在します。例えば、いじめ、ハラスメント、差別、DVや児童虐待、性暴力、失業により生活維持が困難になることから生じる不安、自然災害など、あげていけばきりがないほどあります。欠乏は主には貧困を指しますが、恐怖と重なるものでもあります。

恐怖に関する非常に大きな特徴の一つは、すべての形態に共通するわけではないですが、権力関係（支配と被支配の関係）に依拠してふるわれる暴力であるという点でしょう。それにより、個人の心身を支える要素である尊厳が傷つけられていきます。私は憲法24条（家庭生活における個人の尊厳と両性の本質的平等）の制定の意義を、特に平和主義の観点から検討する研究をしてきました。それを通して、親密圏でのジェンダー秩序に基づく非対称な関係に依拠して、相手を支配するためになされるのがＤＶだと考えてきました。加害者は被害者を支配下に置き、被害者が意に反することをすると、加害者の怖さを思い知らせるために罰するのです。しかし、こうした関係性は、ＤＶに限られるわけではありません。イスラエルによるパレスチナの占領下の抑圧体制もＤＶ加害者の論理に類似するものがあると痛感しています。

パレスチナやアフガニスタンとのそれなりに長いかかわりを経て、私は恐怖と欠乏からの解放が築く平和を次のように定義するようになりました。これは、安保法制違憲北海道訴訟の控訴人陳述書にも書いた通りです（本稿の終わりに、資料として本陳述書の全文を掲載しておきます）。

「『平和』とは、人が生きるという根本的な行為に対して、具体的な安心感を与えると同時に、人間としての尊厳をもって生きるということを肯定的にとらえる大きな安心材料を与えるもの」

平和とは状態だけを指すのではなく、人権に関する権利性が含有されているものです。世界は確実にその方向に向かって動いてきました。権利性とともにある平和的生存権について、憲法前文はその対象を全世界の国民とし、国民がそのことを確認するという形をとっています。では、確認とは一体何を意味するのか。私はそのことを、時間をかけて考えてきました。その現在までの結果が、①起きている人権侵害を黙認せず、恐怖や欠乏を生み出す構造を見据えながら、それらにさらされている人々に心を寄せること、そして②その構造に挑戦するための行動をできる限りすること、です。このような確認作業を継続していくことが、私という一人の憲法研究者の矜持だと考えています。

【資料　安保法制違憲北海道訴訟・控訴人陳述書　２０１９年11月15日】

控訴人陳述書

わたくしは、室蘭工業大学で憲法学の専任教員を務める法学研究者である。これまで、主には憲法学、家族法およびジェンダー法学の観点から、日本国憲法前文2段で謳われている「平和のうちに生存する権利」（平和的生存権）を構成する重要キーワードである「恐怖」と「欠乏」とは具体的に何を意味するのか、またそれらから解放された非暴力な社会を構築するためには、いかなる平和理論およびジェンダー理論の構築が必要であるのか、ということを追求しながら、研究を進めてきた。

これまでの研究結果として、わたくしは公的領域と私的領域のいずれにおいても暴力や差別が根絶されることがなければ、非暴力な社会の構築はなしえないことを確信してきた。暴力には、実際の軍事力の行使のみならず、それをいずれかの局面で使うかもしれないことを前提とする軍備の強化も含まれる。そうした軍備は多くの国々において、防衛または自衛の名の下で正当化されてきた経緯があり、またそうした正当化はその社会に属する個人の生活やメンタリティにまでさまざまな影響を与えることを研究上、みいだしてきた。

わたくしは大学院生の頃から研究の傍ら、軍事占領下にあるパレスチナに赴き、占領に対して非暴力で抵抗している現地の運動「国際連帯運動」に参加し、非暴力トレーナーや活動のコーディネーターを務めるなど、自らも非暴力運動の実践をつんできた。また近年では、同じくパレスチナで封鎖や占領下で暮らす子どものための絵画プロジェクトを実施する等により、暴力にまみれた生活から少しでも精神的に解放されるための表現活動にも着手している。先月

10月にもそうした活動をガザ地区と東エルサレムのパレスチナ難民キャンプで行ったばかりである。同様にいまなお戦火が絶えないアフガニスタンや多数のアフガン難民が住むパキスタンにも赴き、いまから約18年前の２００１年１０月にはじまった米英軍等による対アフガニスタン軍事攻撃がアフガン人やアフガン社会にもたらした負の影響をジェンダー視点から調査するとともに、大国による軍事攻撃に抗しながら社会に根付く家父長的なジェンダー規範からの解放を求めて活動を続けているアフガニスタンの女性団体の支援活動、とりわけ学校運営の支援活動を続けてきた。

わたくしのこうした活動を支えてきたのは、日本国憲法前文が高らかに掲げる〈全世界の人々の平和的生存権〉という考え方である。前文は法的性質を有し、続く各条文の解釈基準となるものである。パレスチナ等で人々が恐怖や欠乏から解放された生活を送ることができるようにするために積み重ねてきた小さな支援活動は、わたくしなりの全世界の人々の平和的生存権の確立を求める具体的な行動を意味する。理論上の探求と研究成果の報告で終わるのではなく、それを実践することに、わたくしというひとりの法学者としての矜持が含まれている。また、こうした実践はわたくしが従事してきた研究結果を実証するものともなっている。

これまでの理論研究と実践としての活動を通して、わたくしは「平和」というものがけっして抽象的な概念ではないということを確信してきた。「平和」とは、人が生きるという根本的な行為に対して、具体的な安心感を与えると同時に、人間としての尊厳をもって生きるということを肯定的にとらえる大きな安心材料を与えるものである。また平和研究の理論においても、「平和」とは恐怖や欠乏から解放された状態だけを指すのではなく、それを追い求める権利性が付与されたものへと発展している。２０１６年12月19日に国連総会で決議された「国連平和への権利宣言」第1条が、「すべての人は、あらゆる人権が促進及び保護され、並びに発展が完全に実現されるような平和を享受する権利を有する」と謳っていることからもわかるように、日本国憲法前文が謳う平和的生存権のみならず、国際社会の方向性としても平和に権利性を付与する動きは明確に、そして確実に進んでいる。

平和の概念を抽象的にとらえるという発想は、いま、この瞬間においても爆撃にさらされている人々、戦火から命からがら避難を強いられている人々、戦火により荒廃した社会で生き延びるための水や食料を手にすることができずにいる人々の人間としての尊厳を愚弄するものであるとわたくしは経験上考える。この圧倒的想像力の欠如が、人々の殺傷につながる防衛力の名の下で進められる軍備または安保関連法にみられるような海外での武力行使を可能とする法制度の整備を容認する土台を形成してきたと確信している。

わたくしは理論研究と実践を通して、平和という概念は人類の多大な犠牲から生まれた涙と血により形成され、それらがこれ以上流されることがないようにするために存在するということを学んだ。人はいとも簡単に命を奪われる。たった一発の実弾は一瞬にして人の命を奪い、一発のミサイルは一瞬にして家屋を破壊する。わたくしはそのことを現在進行形のリアルな戦場の現場で目にしてきた。そして、こうした行為が国家の「防衛」や「自衛」という名の下であたかも所与のものであるかのように主張されるたびに、激しい憤りを感じてきた。人が無残に殺されているというにもかかわらず、人の命よりも国家防衛が正当化されることの矛盾を現場で強く感じてきた。そうであるからこそ、海外での武力行使等を可能とする安保法制が人に対して安心ではなく、具体的な恐怖を与えるものであると考えている。

ひとたび安保法制に基づく海外での武力行使がなされると、わたくしは人々の生活を破壊する側の人間になる。実際にいま、武力行使のために自衛隊が海外に派兵されているか否かは問題ではない。海外での支援活動の経験を有する法学研究者としては、派兵が可能であるということ、そして実際に派兵により武力が行使されると、そこで暮らす人々をどのように殺傷するのかということを具体的に想像できるからこそ、安保法制というものの存在に強い恐怖心を抱いているのである。こうした恐怖心は、わたくし自身の平和的生存権を否定するものである。

以上

第４章　対談

医師と憲法研究者の目に映るパレスチナとアフガニスタン

猫塚義夫×清末愛砂

イスラマバード（パキスタン）のアフガン難民キャンプにて（2013 年 5 月）

ミャンマー（ビルマ）の軍事支配と難民問題――メーソット訪問で知ったこと

清末　猫塚さんと私がと初めて出会ったのは、いまから12年前の２０１１年のことです。私はそれ以前の２０００年末に初めてパレスチナを訪問しました。２００２年にはパレスチナ人が率いる、非暴力の直接行動を抵抗手段とする「国際連帯運動」（International Solidarity Movement）の活動に参加し、２００９年以降はパレスチナのヨルダン渓谷で非暴力の抵抗運動である「ヨルダン渓谷連帯委員会」（Jordan Valley Solidarity）の活動にかかわっていました。こういう経緯があるので、猫塚さんと話をするときは、基本的にパレスチナに関する情報交換ばかりしており、ほかの話題はほとんどしてこなかったと思います。しかし、実は私たちはミャンマー（ビルマ）の民主化運動や難民支援という共通点があることがわかりましたので、本対談では最初にタイでのミャンマー難民の支援のご経験について伺います。

猫塚さんは２０１１年に、私は１９９０年代の初頭から半ばにかけて、国境を超えて避難してきたミャンマー人が多数住むタイのメーソットにある無償のメータオ・クリニックを訪ねています。ミャンマー難民や国境沿いに住む少数民族のための医療活動をされている医師のシンシア・マウンさんが開設したクリニックです。

私と猫塚さんがメーソットに行ったのは別々の時期でしたが、訪問先の一つがメータオ・クリニックだと知り、驚きました。メータオ・クリニックを知ったきっかけや、現地に行かれたときのことを教えてもらえないでしょうか。

猫塚　当時は札幌に「飛んでけ！　車いす」という認定NPO法人がありました。旅行者が中古の車椅子を送り先に直接届けるというドア・ツウ・ドアの方法をとったり、受け取り側の人にホテルまでに取りに来てもらったり、場合によっては空港で手渡したりするなど、いろんなやり方で車椅子を届けていました。私はそこのメンバーになり、理事も務めていました。

「飛んでけ！　車いす」で
シンシアさんと交流（2011年3月）

2011年にそのNPOのなかに、タイ辺境の貧困地域に車椅子を届けるプロジェクトチームが立ち上がりました。主なメンバーは大学や看護学校で学ぶ学生でした。私はそれらの学生の顧問というか、お父さんみたいな感じでタイ行きに同行しました。首都バンコクから7時間ぐらい夜行バスに乗ってメーソットに行き、メータオ・クリニックに車椅子を届けました。

ほかには2003年にウズベキスタン、その前にベトナムに2回、2008年にはシリアの首都ダマスカスに車椅子を届けました。こうした活動の一環としてタイに行ったわけで、その際に初めてシンシアさんについて勉強をしました。『タイ・ビルマ　国境の難民診療所――女医シンシア・マウンの物語』（新泉社、２０１０年）を皆で読んでから、素晴らしい医師なので会いに行こうということになり、私たちの目的やシンシアさんの思いをいろいろ話し合いました。

メータオ・クリニックは２０１１年3月当時、本当に粗末でした。例えば、心臓が苦しい人は起き上がった方が楽ですから、ギャッジベッドという上体が上がるベッドを使いますが、そういうベッドは一切なかったです。病室には20人ぐらいが一つの部屋に並んでいて、その奥のカーテンの陰で、すだれみたいなものを立てて手術をやっていました。産婦人科やエイズや結核の病棟もありました。

現地では、長年続いてきた軍事支配から逃れたミャンマー人たちがつくったグループのメンバーと話をしました。なかなか希望が持てない男性たちとずっと付き合っていろんな話をすると、ミャンマー軍のひどさをものすごく感じました、略奪もあればレイプもあるし、少数民族を殺したりするということで、これはひどい軍隊だなと感じました。

学生と一緒の車椅子を届けるツアーが終わったときは、アウンサン・スーチーさんの軟禁が説かれて数か月後のときであったため、国境の街のあちこちにスーチーさんの肖像画がありました。それから5年後の２０１６年にはスーチーさんが率いる国民民主連盟（ＮＬＤ）が政権をとり、スーチーさん自身は国家最高顧問に就任しました。こうして、ミャンマーは「民主化」されたのですが、２０２１年に再び軍事クーデターが起き、現在にいたります。

ずっとミャンマーのことが気になって、いろんな文献を読んだりニュースを聞いたりしているうちに、ロヒンギャ難民問題が起きました。この問題は国軍とムスリム（イスラーム教徒）との間の戦いだといわれるけれど、これは国軍がやったものだと理解しました。

札幌にロヒンギャの人がいて、何回も私のところを訪ねて、パレスチナだけでなくてロヒンギャ難民が住んでいるところにも来てほしいと熱心にいわれました。ロヒンギャ難民問題に対してスーチーさんは有効な手立てを打てなかったですが、そうなるとスーチーさんの考えが通らない社会は一体何なのかと考えて調べていくと、エジプトと同じだと思いいたりました。

エジプトでは国軍が経済も支配しているように、ミャンマーの国軍も経済を支配しているわけです。だからそう簡単には崩れない。日本企業が最後のアジアのフロンティアだといって、ミャンマーに工場を作ったり商社が進出したりしていますが、全部あれは国軍との関係なのです。軍営企業との取引なのです。エジプトも同じです。だから、エジプトは一時的に「アラブの春」で民主化の方向に行ったけれど、後退したのです。ミャンマーもスーチーさんが率いるＮＬＤの政権下で民主的になったけれど、軍事クーデターで再びひっくり返されました。エジプトとミャンマーの間には軍事支配という共通点があり、その点から非常に関心を抱いています。

ミャンマーの国軍の前身であるビルマ軍は第二次世界大戦で日本軍と協力してイギリスの植民地支配を終わらせました。しかし、その後日本と戦って、国内に地位を築き、最終的は経済まで支配していったという過程があります。長年かけて蓄積された支配があると、それを元に戻すのはスーチーさんがいてもなかなか大変だと思います。腰を据えて国際的な支援を作り上げていかないと、軍事支配がもたらしている人権侵害などの悲劇は終わらないでしょう。

ミャンマーの辺境には多くの少数民族が住んでいます。東南アジアの歴史を調べてみると、いまはベトナム、カンボジア、ラオス、タイという国家がありますが、500年ぐらい前にはもっといろんな国があり、争いがありました。そうした歴史的な点からも考えると、問題解決は一朝一夕にはいかないでしょう。現在の21世紀の民主主義の規範に基づき、国家間の関係性を立て直すために、東南アジア諸国連合（ASEAN）が非常に良い外交政策をやってきました。しかし、そのASEANでさえも介入できないのが、ミャンマーにおける軍事クーデター以後の苛酷な支配です。非常に難しいと思っています。

清末　そういうことなのですね。最近はもうメータオ・クリニックには行っていないのですか。

猫塚　残念ながら、あれからは訪問の機会を持てていません。札幌医科大学の学生がシンシアさんに、メータオ・クリニックに行きたいと手紙を出したら、そのときは定員オーバーなので受入れが難しいといわれました。つまり、世界中から強い意思を持っている若い医学生がメータオ・クリニックに行っているのです。できれば私ももう一度行きたいと思っています。

清末　私が初めてメーソットに行ったのは1991年春のことです。この頃、1988年の民主化運動を担った「全ビルマ学生民主化戦線」（ABSDF）の人たちが、弾圧を避けるために国境を逃れて少数民族と合流していました。当時はアジア学生連合（Asia Student Association. ASA）という団体の事務所が香港にあって、そこに人権や民主主義を求めるアジア各国の学生団体が所属しており、ABSDFもそのメンバー団体で、ASAがABSDFに対する支援をしていました。私が日本でかかわっていた小さな学生グループもASAとかかわりがありましたので、そのグループの学生たちとABSDFに会いに行くことにしたのです。

そのかかわりがきっかけで、ABSDFのメンバーに会うためにメーソットに行きました。実はメーソットに行くまで、私はシンシアさんのことを知りませんでした。ABSDFの学生にメータオ・クリニックに行ってみないかと誘われ、どういうところかきちんと理解していませんでしたが、とにかく連れていってもらったのです。猫塚さんが訪問されたときよりも前のことですので、猫塚さんが目にされたものよりも、もっと簡素なクリニックだったかもしれません。

ミャンマーとタイの国境にあったマナプロウ（1991年3月）

猫塚　いまは大きくなっていますね。

清末　メータオ・クリニックを訪問し、シンシアさんが非常に真摯に医療に取り組んでおられるのがよくわかりました。少し話しただけですが、お人柄だけでなく、意思の強さも伝わってきました。私はその後、ＡＢＳＤＦの学生に連れられて国境沿いの川を北上し、ＫＮＵ（カレン民族同盟）の司令部があったマナプロウ（１９９５年陥落）を訪問しました。そこにＡＢＳＤＦの学生たちの拠点の一つがあり、ジャングルのなかで国軍と戦っている学生たちと交流をするためでした。なので、そのときのメータオ・クリニックの訪問はほんの短時間のものでした。それから一年ぐらいして、支援物資を持って、メータオ・クリニックをもう一度訪ねたことがあります。また、国境沿いの少数民族の難民キャンプには3回訪問しました。最新の訪問は2020年2月です。

それにしても奇遇なことに、私と猫塚さんが見ている方向はわりとよく似ていると思います。1986年にフィリピンで独裁政権を倒したピープル・パワー革命が、1987年にパレスチナで第一次インティファーダ（民衆蜂起）が、そして1988年にはミャンマーで民主化運動が起きました。それから数年後の1993年に韓国で一応の文民政権が誕生しました。つまり、80年代後半から90年代前半というのは、まさにアジアが民主化に向けて大きく揺れ動いた抵抗の時代であったと思います。

しかし、いま考えてみると、韓国はともかく、パレスチナにしてもミャンマーにしてもフィリピンにしても、状況は全然変わっていないのです。むしろパレスチナでは、イスラエルの占領の深化がより進んでいることに強い悲しみを感じるとともに、国際連帯の活動が不十分だったのだと思わざるを得ません。同時に、先ほどの経済を支配するということを含め、軍が権力を握ることが非常に怖いことだと実感しています。

アフガニスタンの女性解放——根底にある家父長的社会規範

猫塚　「北海道パレスチナ医療奉仕団」（以下「奉仕団」）の活動をするにあたり、アフガニスタンで殺害された医師の中村哲さんから、私たちは大変大きな影響を受けてきました。清末さんは奉仕団の活動だけでなく、アフガニスタンの女性団体への連帯活動にも熱心にかかわっておられます。長くなっても構いませんので、アフガニスタンの女性に対する抑圧の背景について先に教えてもらえますか。

清末　日本では、パレスチナよりもアフガニスタンへの注目度が低いといつも思ってきました。2021年8月15日以後のターリバーンの再支配の開始以前は、本当にメディアの報道も大変少なく、まさに忘れられた存在になっていました。後述するアフガニスタンのフェミニスト団体との連帯活動にかかわるなかで、そのことを強く懸念していました。旧ターリバーン政権の崩壊をもたらした2001年のアフガニスタン戦争のときは、日本を含む世界各国でアフガニスタンへの注目度が高まりました。しかし、それも時の経過とともに消えていきました。

それから20年後の2021年はアフガニスタンにとって、非常に大きな歴史的転換を迎える年になりました。2001年以降、アフガニスタンに駐留していた米軍が撤退することになったからです。米国は2018年からターリバーンとの和解交渉を開始し、2020年に合意にいたりました。その結果、米軍が撤退することになりました。2021年4月にバイデン大統領がその撤退期限を2021年9月11日までと設定し、実際の撤退活動が開始されました。その終盤にあたる8月に、ターリバーンが首都カーブルを陥落させ、再支配がはじまり、現在にいたるというわけです。米軍の方は予定通り、8月末までに完全撤退しました。

アフガニスタンの現代史をみると、1979年から89年までのソ連軍の駐留とそれに対する抵抗運動の時代、ソ連撤退後の激しい内戦の時代、1996年の旧ターリバーン政権の誕生、そして2001年の米軍などによる攻撃とその後の20年にわたる国際復興時代下での治安悪化など、いくつもの厳しい局面をあげることができます。その間にたくさんのアフガン人が故国を離れ、パキスタンやイランなどで長年続く難民生活を送ってきました。治安という意味では、内戦時代や国際復興支援下での20年が非常に悪いものでした。

私は憲法学やジェンダー法学の研究者ですが、アフガニスタンのジェンダーに基づく暴力とフェミニスト団体の活動、特にアフガニスタン初の独立系のフェミニスト団体である「アフガニスタン女性革命協会」（RAWA）の研究もしています。また、研究とは別に、RAWAとの連帯活動を図るための日本のグループである「RAWAと連帯する会」（以下「RAWA連」）の共同代表を務めています。マクロな視点で語られがちなアフガニスタンをめぐる国際政治と国内の和解問題は非常に重要なテーマですが、私の場合はもう少しミクロにとらえて、ジェンダーの視点からさまざまな立場にあるアフガン女性がさらされてきた各種の暴力の被害状況や、それに抗する女性たちの抵抗運動に着目してきました。

ターリバーンの再支配の開始により、女性の人権がこれまでよりも悪化するのではないかと

ＲＡＷＡがパキスタンのラーワルピンディーで運営していたヘワド高校（小学校、中学校、高校）（2013 年 5 月）

懸念する人々がいました。１９９６年から２００１年までの旧ターリバーン政権時代にとられた女性に対する抑圧的な施策の数々、例えば、教育や就労に対する大幅な制限などを見ると、その懸念がわからないわけではなく、私も頭のなかでは懸念がありました。では、国際復興支援を受けたカルザイ政権やガニー政権の下では、女性の地位がぐっと高まったかというと、分野にもよりますが必ずしもそうとはいえないのです。間違ってもそれは、現在のターリバーン暫定政権下の状況を擁護するものではありません。

私は、個々の女性たちが置かれてきた環境で生じた苛酷なジェンダーに基づく暴力の諸々の要因を丁寧に見ることが重要だと考えています。そのために、ＲＡＷＡがかつてパキスタンで運営していた学校や児童養護施設、あるいはアフガン難民が多数住むキャンプで聞き取りをするために、２０１２年から頻繁にパキスタンへ足を運ぶようになりました。ターリバーンの再支配前は治安の著しい悪化のため、アフガニスタンのビザの取得自体が困難になりましたが、それでも、取得できたときには現地を訪ねて、ＲＡＷＡのほか、人権侵害の記録化を続けている団体、女性向けの法律相談やシェルターの運営をしている団体、児童養護施設を運営している団体の関係者などから聞き取りをしてきました。10年以上にわたる研究や交流を通して、ジェンダーに基づく暴力を生み出す構造は単純なものではなく、いくつもの要因が重なりあって作られていることが見えてきました。構造を作っている各層の背景にも細々とした要因があったりします。研究者なので、それらをきちんと見なければならないと思っています。

先に述べたように、ターリバーンの再支配の開始とともに、まだ実際にどうなるかがわからない段階であるにもかかわらず、過去の施策だけが注目され、今後は女性たちの状況が確実により苛酷なものになるという予想が日本を含む各所でなされました。その段階では私も懸念はするが、もう少し状況を見てからきちんと分析すべきと思いました。研究者として、何も見えていない段階で判断するのはいくらなんでも早すぎると思ったからでもありますが、もう一つの理由としては、これまでの研究の結果、アフガニスタンにおけるジェンダーに基づく暴力を生み出す最も大きな要因が、社会の各所に根強く残っている男性中心の家父長的社会規範であることを理解していたからです。もっとも家父長的社会規範は、国や地域に応じて異なるものでもあり、その背景には外国による支配の歴史といった外的な要因もかかわっています。その点を見ることなく、単純にターリバーンだから問題とみなすのは抵抗がありました。

ターリバーンだけでなく、ソ連の駐留時代から抵抗運動をしていた各イスラーム勢力／軍閥の関係者も家父長的社会規範を内包し、例えば、激しい内戦時代にも女性に対するレイプが多発していました。前政権のガニー政権時代でも現在でもDVその他の慣習に基づく暴力、例えば、異なる家族間での紛争解決の方法として用いられるバアド（もめている家族の構成員と女子や女性を婚姻させる方法）なども起き続けています。また、政権による施策の有無にかかわらず、女子や女性が教育を受けることを好まないことから、娘の通学を認めないという親もあいかわらずいます。2001年のアフガニスタン戦争以後、国際社会は反ターリバーンの一点でつながった北部同盟系の諸勢力関係者が中枢を握ったカルザイ政権やガニー政権を支援してきましたが、これらの関係者も女性という意味では、国際社会からの支援を得るために一定のポーズを見せながらも、抑圧的な姿勢をとってきた人々ばかりです。したがって、問題はターリバーンだけではないのです。ターリバーンにだけ注目をしていると、抑圧を生み出す構造を誤って理解することになります。

猫塚　なるほど。構造を見るためには背景をきちんと理解していくことが重要ですね。では、女性の人権という意味で、ターリバーンによる再支配が続いてきたこの2年をいまではどのように考えておられるでしょうか。

清末　ターリバーンの再支配から2年以上が経過し、この間に段階的に導入された女性に関連する施策に鑑みると、それらが他の外的な要因とともに女性たちの生活環境を非常に悪い方向に変えたと判断せざるを得ないと考えています。強い表現にはなりますが、ターリバーンの女性に関する諸々の施策を総合的に考えると、例えば、国連人権理事会（第53期）に提出されたアフガニスタンの女性や少女の状況に関する報告書その他でも言及されたように、「ジェンダー・アパルトヘイト」（gender apartheid）といえるものでしょう。

現在のアフガニスタンでは、7年生から12年生（日本の中学生と高校生）の女子の学校がほんの一部を除いて再開されておらず、無期限停止状態です。これは事実上の禁止措置であるといえるでしょう。２０２２年12月には女子の大学教育が突然、無期限で停止されました。わたしが確認している限り、ほんの一部の医療系の教育機関などでは再開されていますが、この件は女子大生の間で強い怒りと悲しみを生みました。そのときは男子学生の間でも動揺が生じました。学ぶ機会を失うということは、生きるための知識だけでなく、将来の自分の夢の実現も一律否定されることを意味します。家の外の人間関係の構築も難しくなり、家のなかにいる時間が増えることで、女子の家事労働の負担もますます大きくなります。

女性の就労に関しては、例えば、医療職・公務・教職（小学校教員）の一部を除き、基本的に認められていません。とはいえ、実際にはそれでは食べていくことができないため、雇ってくれるのであれば働く女性もいます。２０２３年３月にアフガニスタンを訪問した際に、カーブルではホテルや銀行で働いている女性を目にしました。空港での入国審査や荷物検査を担う職員には女性が含まれていました。アフガニスタンの文脈では、女性の身体検査を男性職員が担当することはありえないことですから、実際に目にしてそういうものだろうと思いました。女性がＮＧＯ（海外のＮＧＯの現地事務所を含む）で働くことも停止措置が出されていますが、現地で訪ねた女性の職業訓練を行ってきたＮＧＯや、ＤＶなどの暴力の被害を受けた女性の相談業務やシェルターを運営してきた老舗のＮＧＯでは、女性が働いていました。いまもＮＧＯの女性スタッフと業務上の連絡を取り合うことがあります。とはいえ、彼女たちは安心して働いているわけではまったくありません。いつターリバーンの介入があるかわからないため、常に不安を抱え、細心の注意を払っています。ターリバーン兵が来たときに備えて、「子どものプロジェクトをしているから、母親が子どもについてきた」というような言い訳ができるような、見た目上の環境を整えようとしています。それは非常にストレスが溜まることです。

さて、外的な要因とは、主にはターリバーンの再支配を認めないということで、各国の援助が止まったり、アフガニスタンの海外資産が凍結されたりしたことを意味します。凍結された資産に関しては、あまりにも人道危機が深刻であるため、半分ぐらいは解除されました。アフガニスタンではターリバーン再支配以前から干ばつが続いてきましたが、自然災害に見える干ばつの要因には、例えば、過去のソ連軍の駐留時代に抵抗勢力を抑えるためになされた伐採も含まれており、外国の支配下での人為的な要因を無視するわけにはいかないのです。資産凍結や干ばつなどがターリバーンの施策とともに、シングルマザーの貧困問題に深刻な影響を及ぼしてきました。アフガニスタンには、長年続いた戦闘により寡婦となった女性たちがたくさんいます。

アフガニスタンの女性たちは、こうした状況を黙って受け入れてきたわけではありません。私がかかわりを持ち、日常的に交流を続けているRAWAは、1977年に創設されました。RAWAのメンバーは、46年にわたり、女性の人権、民主主義、自由を求めて闘い続けています。屋内外で抗議行動を続けてきたほか、民主的な社会を担う人々を養成するために学校や児童養護施設を運営したりしてきました。ターリバーンの再支配下の現在も、アフガニスタンでは珍しい共学の小学校、7年生から12年生の女子の就学対策としての隠れ学校、女性たちの識字教室を運営しているほか、貧困家庭への人道支援、女性の所得プロジェクトであるサフラン栽培、移動クリニックの派遣などをしています。

猫塚　2021年8月以降、アフガニスタンからはターリバーンの再支配を恐れて、たくさんの前政権関係者やNGO関係者が海外に退避していきました。一方、現地に残って、さまざまに活動を続けようとしている人々もいます。2019年にRAWA連がRAWAのメンバーを日本に招聘した際に、奉仕団も札幌で講演会を共催しました。また、その方が歯科医でもあったので、私の方で手配をして、病院視察の機会を設けました。そういうつながりがありますので、RAWAのメンバーのことが大変気になってきました。彼女たちがどういう気持ちでアフガニスタンにいるのかという点をもう少し教えてください。

清末　RAWAは組織として、ターリバーン再支配下のアフガニスタンに残るという選択をしました。創設以来、女性の人権や民主主義を脅かす勢力に対して妥協することなく闘ってきましたから、ターリバーンの再支配に際して、「いまこそ闘いのとき。ここに残って抵抗する」と決めたのです。「こんな重要なときなのに、たくさんの知識人が出ていくとは。これではアフガン社会の未来をどうやって築くことができるのか」というある種の腹ただしさも覚えつつ、一方で「ここに残るのは難しいし、危険。希望も見えない。海外退避は仕方ない」という気持ちも抱えています。こういうジレンマが渦巻くなかで、RAWAの古参のメンバーは、「長年RAWAの活動に関わってきたなかで、ターリバーンの再支配の開始から現在までの期間が最もつらいと思った。たくさんの人々がアフガニスタンを去った。闘うべきときに」と心

ＲＡＷＡ運営の隠れ学校（2023 年 3 月）

情を吐露しました。

ＲＡＷＡのメンバーはそれぞれがさまざまな思いを抱きながら、これまで以上に細心の注意を払い、屋内外での抗議行動を計画し実行しています。弾圧をいかに避けて抗議を継続するかということを慎重に考えています。実際にＲＡＷＡ以外の女性運動関係者が抗議の声を出し続けるなかで弾圧を受け、海外へ退避せざるを得なかった例が多々ありますので。ＲＡＷＡは過去に創設者ミーナーが暗殺されたりしていますので、実名と顔を隠して活動を続けてきました。いまも、抗議行動ではＲＡＷＡという団体名を出さないか、あとからフェイスブックなどに活動を報告する際も参加者が特定できないようにしています。前政権時代から、ＲＡＷＡメンバーが表に出るときの肩書と名前が違うということはよくありました。工夫を重ねて、非常に「したたか」に活動を続けてきたのです。私自身も現地と連絡を取るときは、使用する単語も含めて大変気を遣います。私が書くメッセージにより彼女たちに危険が及ぶわけにはいきませんから。

２０２３年3月の訪問時に驚いたのは、何人もの新しい若いメンバーがいたことです。それは大変嬉しいことでした。一方、ＲＡＷＡのメンバーとの交流の際は信頼できる身内の運転手を使ったり、交流会場に入るときは外部の目が及ばないようにしたりと工夫しましたし、注意力を保つために緊張が切れないようにしました。

医師の目から見たアフガニスタン

清末　猫塚さんも私と同じ頃にアフガニスタンを訪問され、医療活動をされましたね。医師の目からはどう見えたのでしょうか。

猫塚　２０２３年2月に訪問したアフガニスタンでは、医師のレシャード・カレッドさんが理事長を務める「カレーズの会」運営のアソラマシャド総合医療センターで診療活動を行いました。そこは、院長をはじめ34人の職員が働いており、内科・小児科と産科から構成されています。午前中の外来診療が中心です。その前庭はブルカを身に着けたお母さんと子どもたちであふれていました。しかし、薬剤が大変不足しており、そのやりくりも大変です。医療費は基本的には無料を貫いています。また、屋外のベンチでは、診療の待ち時間を活用して看護師がさまざまな健康教室を開催していました。

私は整形外科医ですので、通院している患者のなかから運動器疾患と思われる症状のある人々を診察しました。患者の選択はレシャードさんらが行ってくれました。男女の分離が厳格になされた別々の診察室で患者への診察が行われました。女性の患者を診るときには、大変優秀な女性医師の通訳と援助に大変助けられました。パレスチナでもそうですが、現地の言葉から英語への通訳は、患者とのコミュニケーションを図るうえで大変重要です。

雪の降る朝、宿舎の庭でレシャードさんと
（2023 年 2 月）

患者のうち約70％が女性の患者でした。腰痛、膝痛、肩こり、手のしびれなど、変性疾患が多く見られました。こうした傾向も、パレスチナ難民キャンプと同様です。医療が十分発展していない国や地域では生

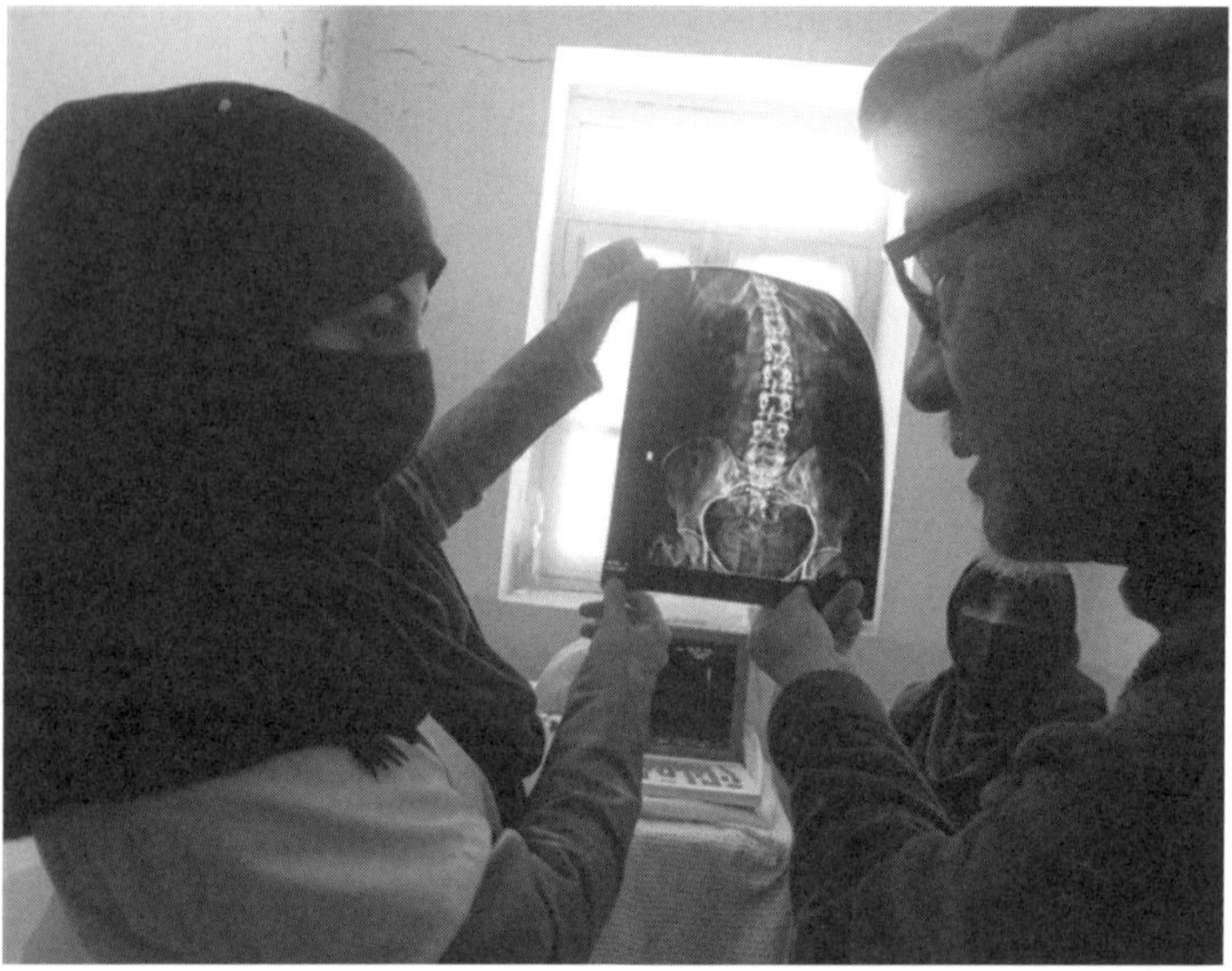
現地の医師と症例について検討（2023年2月）

きることが最優先され、運動器疾患まで手が回らない事情があります。そういう事情があるため、必要な患者には、一人ひとり運動療法を教えました。その他、時折、外傷の患者が主にはセカンド・オピニオンを求めて来たり、5歳の時に空爆で井戸に転落した20歳の女性、元兵士で拷問に遭った52歳の腰痛持ちの男性などが私のところを訪ねてきたりしました。

一方、糖尿病に合併した足趾の壊死に対して湿潤療法を紹介しましたが、滞在期間が短くその後のフォローは、看護師にお願いするしかありませんでした。また、貧困に起因して栄養状態がよくない家庭に対し、袋いっぱいの食糧を配布していました。小麦粉や豆類、油や調味料などで、それらはアフガニスタンの日常の食事には欠かせないものです。

なお、戦乱が長く続いてきたアフガニスタンでは、最も注目されるのは感染症です。その最たるものは結核です。以前は、かつて結核を国民病として克服した日本からの援助で感染防止対策が行われていましたが、戦乱のなかで中断されたため、現在にいたるまで克服できずにいます。

ここからは、クリニックの運営上の様子です。滞在中は毎日一緒に昼食をとらせていただきました。常日頃から全職員が同じご飯を食べているとのことでした。医師であろうと、看護師であろうと、警備員であろうと、皆が平等に同じご飯を食べます。医師の給与は月額350ドル（2023年10月時点で約5万2400円）とのことです。分娩は、女性医師1人と助産師3人（うち実習生が2人）が担当していました。この人数で多くの分娩をこなしているのです。しかし、彼女たちからはまったく悲壮感が感じられず、明るさがありました。むしろ彼女たちから、ツーショットの写真撮影をお願いされたりもしました。また、他の看護師、事務員、レントゲン技師、薬剤師、検査技師、清掃担当の職員も底抜けに明るい方々でした。こうした明るさは、患者のために無料診療を行う「意思と思想」と、それを支える職員間の平等の関係性に大きな要因があるのではないかと思いました。

毎週木曜日午後に全職員の会議が開催され、職員から理事長と事務長に直接意見を述べる機

診療所で毎週開かれる全職員会議（2023 年 2 月）

会も設けられていました。そのなかで、賃上げ要求が出されましたので、それを聞きながら、なんと率直に気持ちを通わせ合っている医療集団かと、羨ましさを感じました。

カレーズの会は、クリニックの運営のほか、カンダハール市内外の十数か所に「ヘルスポスト」を設置して、地域内に健康の「網の目」を作る活動もしています。集落のボランティアの方の自宅を開放する形でなされており、健康相談や予防接種といった地域の保健活動の拠点となっていました。また、カレーズの会は学校保健を重視し、子どもの健康を守ることに力を注いでいました。これについては、ターリバーン暫定政権の保健大臣との懇談でレシャード先生が熱心に提案し、大臣も同意していました。

こうした活動を通して私が注目したのは、クリニック、ヘルスポスト、学校保健のどの分野においても、各患者・対象者のカルテと記録が充実した内容でそろえられていたことです。記録の充実化は、医療機関の「質」を見るうえでもたいへん参考になるものです。レシャード先生からの指導が効果をもたらしていると思いました。

滞在中は、カンダハール市内にあるムハンマド記念病院を視察する機会がありました。ここは200床の民間病院で、新築されたらしく威風堂々の構えでした。麻酔科の院長に院内を丁寧に案内していただきました。内科、外科、小児科、産婦人科、整形外科、救急などがあり、手術室も各科用に備えられていました。また、先日初めて心臓外科を開設し、第1例の手術に成功したと聞きました。その後、病院の理事長にも会うことができました。先代が「ホテル建設よりも人の役に立つものを」という意思を有していたことから、この病院の建設に踏み切ったということです。また、「以前のような平和なアフガニスタンになることを希望している」とも述べておられました

イラクの「民主化」――劣化ウラン弾と神経ガスの被害

清末　米国は、独裁的なサッダーム・フセインを倒し、イラクの民主化を果たすとして、２００３年にイラク戦争をしかけました。しかし、本当にイラクが民主化されたのかというと、まったくそうではありません。２００１年のアフガニスタン戦争も、途中から「対テロ」には女性の人権や尊厳を守ることが含まれるとして、正当化されました。しかし、アフガン女性が抑圧から解放されたわけではありません。猫塚さんは２００８年に「飛んでけ！　車いす」の活動でシリアを訪問された際に、ヨルダンのイラク難民キャンプにも行かれたそうですね。

ダマスカス難民キャンプ（2008 年 3 月）

猫塚　２００８年２月から３

ダマスカス難民地区（サイナザイタブ地区、2008 年 3 月）

月に、ヨルダンとシリアの難民キャンプに行くツアーに参加する機会がありました。「飛んでけ！　車いす」では車椅子をイラク難民に届けたことがなかったため、この機会を使って現地に車椅子を持っていこうという話になったのです。このときは、最初にヨルダンのアンマンに行き、その後にシリアのダマスカスに入りました。こうして、3台の車椅子をダマスカスのイラク難民キャンプに届けました。難民キャンプには障害を持っている方や脳性麻痺の方もおられますので、それらの方々のために、車椅子の大きさもきちんと整えて置いてきました。

そのときに2週間ばかり、あちこちの難民キャンプを回り、劣化ウラン弾と神経ガスの被害を知りました。20人ぐらいの若者が一夜にして物事を考えられなくなったことがあったそうで、現地の医師に聞いたら、「神経ガスの影響だよ」といわれて、やっぱりそうなのかと思いました。実際、被害を受けた大学生たちに話しかけても反応がありませんでした。

劣化ウラン弾の影響と思われるものもありました。生まれてくる子どもには、特に消化器系の障害が多かったです。生まれながらにして鎖肛といって肛門の穴が閉じている病気で、放っていたら腸閉塞で死んでしまいます。すぐに人工肛門を作って、便をそこから出さなければならないのです。行く先々で消化器系と泌尿器系の先天性異常の子がたくさんいました。現地の人に聞くと、昔はこんなことはなかったそうです。ですから、劣化ウラン弾の影響が推察されます。

アンマンからダマスカスまで車を飛ばすと4時間で行けます。チャーターしたバスのなかで、ずっと道路標識を見ていたら、ヨルダンの国道でエルサレムと書かれた標識がありました。それを目にしたときに、そっちの方に行くとパレスチナがあるんだな、そもそも中東問題の基本は、パレスチナをめぐる問題があるのではないだろうかと思いました。

２００８年12月に、イスラエル軍によるガザ侵攻が起きました。そのときに、ああ、やはり中東問題の根っこには、パレスチナをめぐる問題があるのだなと実感しました。ヨルダンとシリアへの訪問時に思ったこと、そしてガザ侵攻から、自分の気持ちがパレスチナに吸い寄せられていったのです。

清末　猫塚さんは劣化ウラン弾や神経ガスの被害が推察される問題について、現地で医師として見て来られたのですね。私はイラク戦争の後、２０００年代は頻繁にヨルダンに行ってました。そこでは、イスラエルの建国の過程で故郷を追放されたパレスチナ難民の一世や二世などのライフヒストリーの聞き取りをしていたのですが、そのときにイラク人が増えていると実感していましたし、実際にヨルダン在住のイラク人医師のシャーキルさんにも出会いました。この方はその後、大阪の大学院で博士号を取得し、現在は米国で医師として働いておられます。

シャーキルさんはサッダーム・フセイン政権時代にバグダードを出て、ヨルダンで医師として働いていました。でも、イラク戦争の開戦時に故国が攻撃されると医師が必要だと思い、また攻撃で家族が殺されるかもしれない、殺されるのであれば、一緒に殺された方がましだと思い、少しの間イラクに戻ったそうです。

来日したシャーキルさんが日本各地で講演をした際に、私は通訳として多くの会場に同行しました。通訳をしていて、忘れることができない話をいくつも耳にしました。状況を適切に伝えるために、どのような表現がいいのか迷ったこともあります。忘れがたい話の一つは、「劣化ウラン弾による健康被害の因果関係を証明するのは非常に難しいのが前提であるけれど、自分に限らず、イラクの医師は臨床上の経験として、どうしてこんなに白血病の子が増えたのだろうと思っている」と話されたことです。イラクでの劣化ウラン弾問題は一過性のものではないでしょう。大地が半永久的にずっと汚染され続けるわけですから、本当にとんでもない恐ろしい状況だと思います。

猫塚　そうですよね。汚染されたところから逃げるしかないです。

清末　しかし、逃げるのはそんなに簡単なことではなく、諸々の事情から汚染された大地に住み続けざるを得ない人々がたくさんいるのですね。

イスラエルの占領の実態

清末　新型コロナウイルス感染拡大により海外渡航が困難になるまで、奉仕団は年に1回、場合によっては2回程度、パレスチナを訪問していました。そして2022年8月に約3年ぶりに、現地に派遣団を送りました。私は猫塚さんと一緒の現地訪問にこれまで4回参加しています。私の目から見たパレスチナの話もしますが、まずは長年、医師としてパレスチナにかかわってこられた猫塚さんの活動を通して見える、イスラエルの占領の実態について教えてください。

猫塚　私たちは2010年7月に奉仕団を立ち上げて、2011年2月から2022年8月まで14回にわたり、東エルサレムを含むヨルダン川西岸地区とガザ地区で医療支援と子ども支援の2つの活動を行ってきました。そのなかでさまざまなことを感じてきましたが、それらの主なものをいくつかまとめて話します。

初めてパレスチナを訪問した2011年2月、私たちは、アンマンから陸路でイスラエルとの国境検問所の一つであるアレンビー検問所からヨルダン川西岸地区に入りました。そこでまず驚いたのは、私たち外国人に対するチェックも非常に厳しくて、「なぜイスラエルに来るのか?」といったことを根掘り葉掘り訊かれたことです。

イスラエルが「自衛」名目で、ヨルダン川西岸地区の内側に大きく入り込む形で全長600から650キロメートルといわれる隔離壁を設置している光景が異様に映りました。高さおよそ8メートルのコンクリート製の壁です。パレスチナ人の移動を制限したり、教育や医療・労働などの提供に影響が大きく及んだりしています。

当初はジェリコで活動を始めました。街中を歩いていると、そこには隔離壁周辺の地域よりは穏やかな生活がありました。しかし、一度ジェリコから車で1時間弱走って東エルサレムに入ると、街角の各所、そして旧市街のなかでもイスラエルの武装した国境警察や兵士が自動小銃を持って、パレスチナ人を監視していました。

私たちは訪問する度に、こうした状況を定点観測するため、気が付かれないように工夫しながら黙って見ていました。そうすると、ただ歩いているだけのパレスチナ人の青年が国境警察や兵士たちに取り囲まれ、ベルトを抜かれてズボンを引き下げられ、鞄を引っくり返されましたが、何も出てこないといった光景も目にしました。おそらく何か武器を隠しているという口実で、嫌がらせも含めてやっているのでしょう。そういうことが公衆の面前で行われていました。まさに現地はパレスチナ人にとって軍事監視下に置かれています。

イスラエル人は普通の市民法の下で生活しています。駐車違反をしてはいけない、泥棒をしてはいけない、交通ルールを守ってスピード違反をしてはいけないなどといった、日本でもよくある市民法があります。ところが、パレスチナ人は普通の市民法だけでなく、軍法の支配下に置かれているのです。とにかく国境警察や兵士に少しでも歯向かうと、あるいは反抗的だと見なされると、連行されて留置されるのです。そのまま軍事裁判が行われて不当に刑罰を受けたり、行政処分の形で長期間拘束されたりします。現地訪問を繰り返しているうちに、支配下でのそうした生活が見えるようになりました。

占領の実態でもう一つ重大なことは、入植者の問題です。イスラエルは第三次中東戦争以後、東エルサレムを含むヨルダン川西岸地区やガザに入植地を建設するようになりました。ガザからはすでに入植地がなくなっていますが、ヨルダン川西岸地区はあいかわらず入植地が拡大している状況にあります。入植地を増やそうと考えるイスラエル人が、パレスチナ人の土地を占拠したり、パレスチナ人に暴力をふるったりしています。

特に私たちが入植者の横暴さを感じるのは、ヨルダン川西岸地区南部のヘブロンのなかでです。私たちはそこに毎回行って実態を確認しています。ヘブロンにいるわずか数百人の入植者を守るために、多くの軍人が配置されており、武器を携帯している入植者も多いです。パレスチナ人が彼らに歯向かうと、さまざまなハラスメントを受けたり、場合によっては兵士に逮捕されたり、ときには命を落とすことすらあります。そういうことが私たちの実際の活動を通して目にしてきた占領の実態の一部です。

清末　ヘブロンでは少数の入植者が街のど真ん中を闊歩している姿を目にしますし、これらの入植者がパレスチナ人の住民や家にも嫌がらせをしていますね。昨年の私たちのヘブロン訪問の前日には、入植者が旧市街のなかにあるパレスチナ人の店を放火したということがありました。そこを訪ねたら、店のなかは丸焦げで、商品はほぼ全焼していました。

猫塚　私たちはパレスチナ難民キャンプのなかに行きますが、そのなかでもイスラエル軍の作戦や捜査が行われています。何か事があれば難民キャンプに原因があると見なされ、数多くの兵士が押し寄せてきます。支配下で屈辱的な生活を強いられてきたパレスチナ人が、イスラエルの町などに行き、武力を用いて何らかの行動をしたりすると、「集団懲罰」として家族が住む家が大勢の兵士によって破壊されてしまうことも起きています。また、東エルサレムやヨルダン渓谷では、イスラエル当局から建築許可を得ていないとして、家が破壊されたりすることもよくあります。そういうことが日常的に起きているのがパレスチナの現状です。

私たちは当初、アンマンから出入国していましたが、途中からイスラエルのベングリオン空港を使って出入国することにしました。この場合、入国時にはさほど困難はないですが、出国時には猛烈なハラスメントを受けることがあります。私たちが一体何をやっているのかと、根掘り葉掘り訊かれます。基本的には笑顔で「観光」と回答するようにしています。「パレスチナ人のために医療活動をやっていた」というと、別室に連れていかれたりすることになるからです。経験上、「観光で来た」といえばそのまま通過できる場合もありますが、正直にいうと別室行きになったりするのです。別室に連れていかれたときに、1時間ばかりスーツケースを引っくり返されました。その後、同じことを5回も繰り返されたことすらありました。また、公衆の面前でズボンを下げられて、下着のなかに手を入れられたこともありました。

強い屈辱感を覚えて、ともするともうイスラエルに来たくないという気持ちにもなります。しかし、そういうときには、心のなかで、ここで私たちが諦めてしまったら、現地に残っているパレスチナ人は一体どうなるのかと考え、こんなことでは負けないと強くいい聞かせます。

ヨルダン川西岸地区の内部でもある医療格差

清末　私は医療関係者ではないので医療活動はしませんが、猫塚さんらと一緒に現地を回るときは、ＵＮＲＷＡ（国連パレスチナ難民救済事業機関）のクリニックなどで猫塚さんらが医療活動をしている姿を記録したり、担当の子ども支援活動の一つである出張アトリエ（絵画教室）活動をしたりしています。なので、猫塚さんらが医療支援をしている間に、私は学校に行ったり、同じクリニック内にいても違うところで活動をしていたりすることがあります。猫塚さんは、自分の知識とスキルを生かして、現地のクリニックでどのような医療活動をしようと思われたのですか。

猫塚　最初にパレスチナに医療支援で行こうと思ったきっかけは、２００８年末から09年にかけて行われたイスラエル軍によるガザ侵攻でした。そのときに私たちは一体何ができるのかと考えました。つまり、自分たちが現地でパレスチナ人のために何か役立つことができないものかと。私は医療関係者ですから、医療での奉仕だったら国境という壁を超えることができ、民族も宗教の違いなどもすべてではないけれど、なんとか超えることができる点があるのではないかと思ったのです。最初は、11年2月にヨルダン川西岸地区で10か所の病院やクリニックを回り、私たちにそうした気持ちがあること、そしてここで診療活動に携わらせてもらえる可能性はないかどうかを伺いました。その結果、ジェリコのアクバッド・ジャベル難民キャンプにあるUNRWAのクリニックでの医療活動が特に歓迎されたことを受け、まずはそこから始めたわけです。

私が整形外科医ということから、最初に一緒に出かけたメンバーには、理学療法士や手術室の看護師が含まれており、整形外科の医療が中心になりました。現地の医療機関には、内科や外科、それから小児科や産婦人科の医師はかなりいます。しかし、整形外科医や運動器の疾患を診て治す医療資源が非常に少ないのです。ですから、最初に診療目的でアクバッド・ジャベル難民キャンプに行ったときには、1日に200人ぐらいの患者が遠くからも押し寄せてきて、「診てほしい」「治してほしい」といわれました。運動器や整形外科の腰痛とか、膝痛のほか、負傷した人の治療がちょうど住民のニーズに合致したのです。それから、他のところからも来てほしいという要望が出され、活動が徐々に広がっていきました。

清末　私は猫塚さんと一緒に、ヨルダン川西岸地区のなかで最も過酷な占領下に置かれているヨルダン渓谷にも行ったことがあります。例えば、パレスチナ自治区の事実上の首都的機能を果たしているラマッラーや、国際法に違反してイスラエルに一方的に併合されている東エルサレムも同様に占領下にありますが、都市部であったり、イスラエルの影響を受けたりしていることから、医療技術は他の被占領地よりもある程度良いのではないかと推測しています。それに比して、ヨルダン渓谷の場合、パレスチナ自治政府の行政権すら及ばないオスロ合意上のC地区（イスラエル側が行政権と治安権を有している）が非常に多いため、パレスチナ人の権利がことごとく否定されており、また交通手段も限られていることから、多くのパレスチナ人は小さなクリニックに行くのも大変です。実際に、クリニックにアクセスできても、医療技術的に厳しい症例であったりすると、素人目ですが、対応が難しいのではないかと思うこともあります。こうした占領下における医療技術の地域格差をどのように見ておられますか。

猫塚　おっしゃる通り、ヨルダン川西岸地区のなかでも大きなところ、例えば東エルサレムやヘブロン、ラマッラー、ナーブルスには大きな病院がありますし、東エルサレムやナーブルスには大学病院もありますので、これらの地域はそれなりの医療水準があると思います。しかし、辺境の遠いところに行くと、例えば、清末さんがいわれたヨルダン渓谷は、クリニックがあっても開店休業の状態のところがあります。ジェリコにはもう少しいいクリニックがあるとは思いますが、その以外のヨルダン渓谷の村に入って行くと、休診のクリニックが目立つようになります。クリニックがあっても、医療従事者がいなかったり、いる場合でも週に何回か来たりする程度です。

ですから、そこでは必然的に私たちが担当している運動器や腰痛への対応、小さな負傷への対応よりも、まずは人の命を助けることが大事になります。特にパレスチナでは生活習慣病が非常に多く、糖尿病と高血圧を患っている人が多いので、そちらの治療が優先されることが多いです。

ヨルダン渓谷でラシードさんたちと一緒に
（2019 年 10 月）

ヨルダン渓谷で占領に対する抵抗運動を長年続けている住民組織のヨルダン渓谷連帯委員会のラシードさんと最初に会った２０１３年に、彼に誘われてタクシーをチャーターし、渓谷を１日かけて案内してもらったことがあります。何かあったらすぐにイスラエル軍の軍用車が飛んで来ますので、非常に怖い思いをしました。

その際に、「存在すること、是すなわち抵抗なり」をスローガンとするヨルダン渓谷連帯委員会の本部に招かれ、渓谷における占領の苛酷さについて詳しい説明を受け

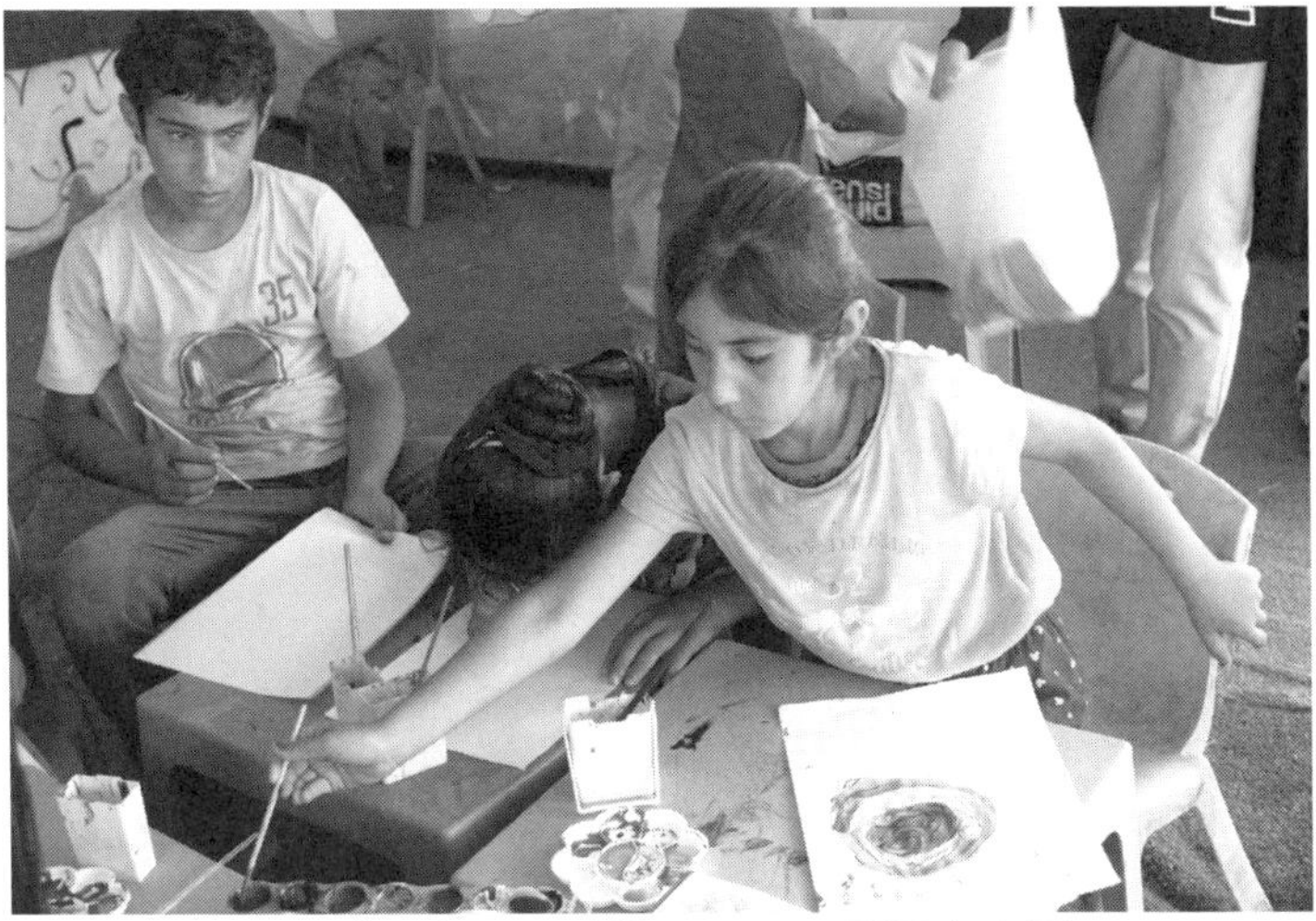

ヨルダン渓谷での出張アトリエ（2022年8月）

ました。それを聞き、再訪しなければならないと思いました。2019年に清末さんに連れて行ってもらったのが、渓谷訪問の2回目です。

清末　ヨルダン渓谷は、C地区が大半ですから、そこに住んでいるパレスチナ人は、イスラエル軍による家屋破壊などの直接的な嫌がらせをしょっちゅう受けています。C地区でクリニックを含む建物を建築しようとすると、イスラエル当局の許可が必要になります。その許可を得るのは非常に難しいです。したがって、例えば、C地区にある遊牧民のコミュニティに学校すらも建てさせてもらえなかったりするので、子どもたちが学校にアクセスするのも非常に困難です。

C地区にはイスラエルの入植地がたくさんあります。入植地ができる前にそれらの土地に住

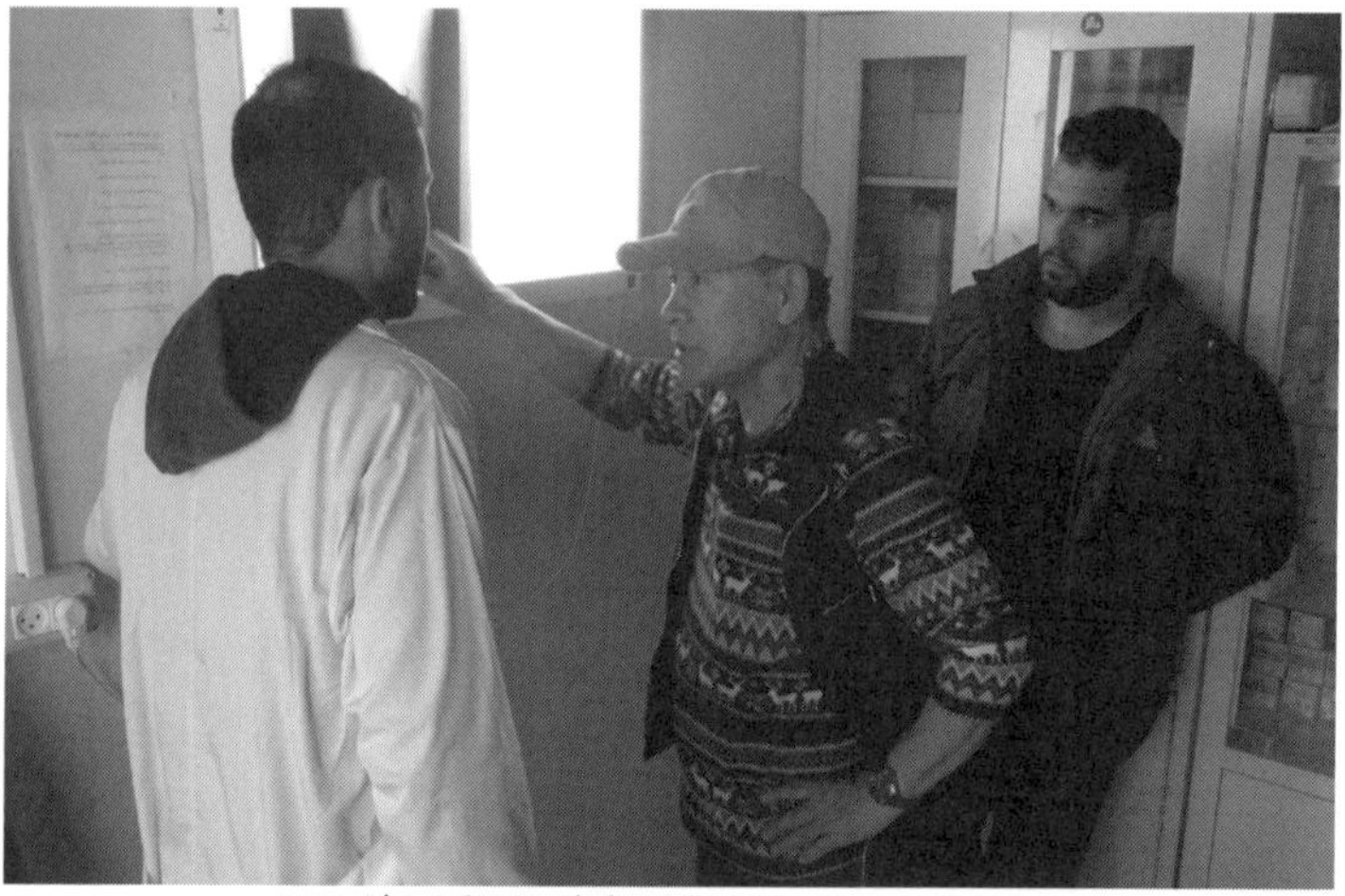

ヨルダン渓谷の赤新月社のクリニックにて
医師どうしで症例の議論（2019 年 3 月）

み、農業に従事してきたパレスチナ人は、自分たちの土地を入植地として取られて農業ができなくなったため、入植地内の農地で働かざるを得ないことも多々あります。しかも、イスラエルの労働法は入植地で働くパレスチナ人にも適用されるはずであるのに、実際にはイスラエルの基準よりもぐっと低いヨルダンの労働法を恣意的に適用したりすることで、パレスチナ人の被雇用者は劣悪な労働条件を強いられています。しかし、パレスチナ人は権力関係ゆえに文句がいえないのです。非常に屈辱的な生活を強いられているのがわかります。

先ほどのラシードさんは現場の状況を長年にわたり見続けてきた人です。彼をはじめとするヨルダン渓谷連帯委員会のメンバーは、厳しい状況に置かれながらも、イスラエル軍に対して非暴力による抵抗運動を続けてきました。その方法は多岐にわたります。抗議の声を出すためにデモをしたりしますが、抵抗方法はそれだけではありません。パレスチナ人が渓谷で住み続けることができるようにすることが重要なので、家を壊されたら建て直す、学校建設が認められなくても、自分たちが学校を作ることが抵抗だと考えています。「存在すること、是すなわち抵抗なり」に加え、いまでは「抵抗すること、是すなわち占領に打ち勝つことなり」という主張も掲げています。占領に打ち勝たなければ、人間としての日常生活を維持できない、という現地の声をリアルに反映している主張だと思います。

私は奉仕団の活動に参加する前の数年間は、個人でヨルダン渓谷連帯委員会の活動に年に1回か2回参加し、ラシードさんたちと土レンガを作ったりしながら、壊された家屋の再建活動をしたり、テント学校で子どもたちに教えたりしていました。奉仕団の活動を通して、ラシードさんと再びつながりができ、非常に嬉しく思っています。2022年8月には、ラシードさんのおかげでヨルダン渓谷の遊牧民のコミュニティで出張アトリエを開くことができ、子どもたちとともに絵を描く時間を持てました。子どもたちの親から「2週間に一度の割合で開いてもらえないか」との要望が出されるなど、大変喜んでいただけたので、今後も渓谷で出張アトリエを開く機会を持ちたいと思っています。

このように、私たちは東エルサレムのほか、ヘブロン、ラマッラー、ヨルダン渓谷など、イスラエルの占領下にあるヨルダン川西岸地区の各地を訪ねて医療子ども支援活動をするほか、医療関係者だけでなく住民から話を聞いたり、関連する文献を読んだりすることで、占領の構造と実態を学ぼうとしてきました。そして、同じ被占領地（東エルサレム、ヨルダン川西岸地区、ガザ）でも、占領を継続させるための支配の方法には地域ごとに特徴があることを理解してきました。

東エルサレムでは、パレスチナ人の土地や家屋を取り上げて入植地を拡大させることでユダヤ化が進められ、ヨルダン川西岸地区では、入植地や検問所（常設のものだけとは限らない）、隔離壁、道路ブロックなどにより内部を小さな島のようにわけて、点在するそれらの島にパレスチナ人が住むことを余儀なくさせる分断化が図られてきました。ガザは1990年代前半にイスラエルによりフェンスで囲まれ、それ以降は段階的に封鎖策が進められてきました。特に2006年のパレスチナの立法評議会の選挙の結果、ハマースが勝利したことをきっかけに「窒息作戦」というべき封鎖が強化されるようになったわけです。さらには、日本を含む欧米諸国は、民主的な選挙での結果を認めず、ファタハに肩入れしました。パレスチナの民意を踏みにじる行為です。

こうした一連の支配の特徴を総合してとらえることで、占領政策における植民地主義的発想がよく見えますし、現地を歩きながら、入植地の建設などの数々の国際法違反を含む構造的暴力を生み出しているアパルトヘイト体制が確立されてきたことをひしひしと感じるのです。この体制は、占領の終結をできるだけ不可能にするための構造をつくりあげてきました。しかも、一見したところでは見えにくい構造です。国際社会は例えば、ガザで大規模な攻撃が起きたりすると注目しますが、それが収まると途端に関心を失う。しかし、パレスチナ人は爆撃が

パレスチナの歴史変遷図

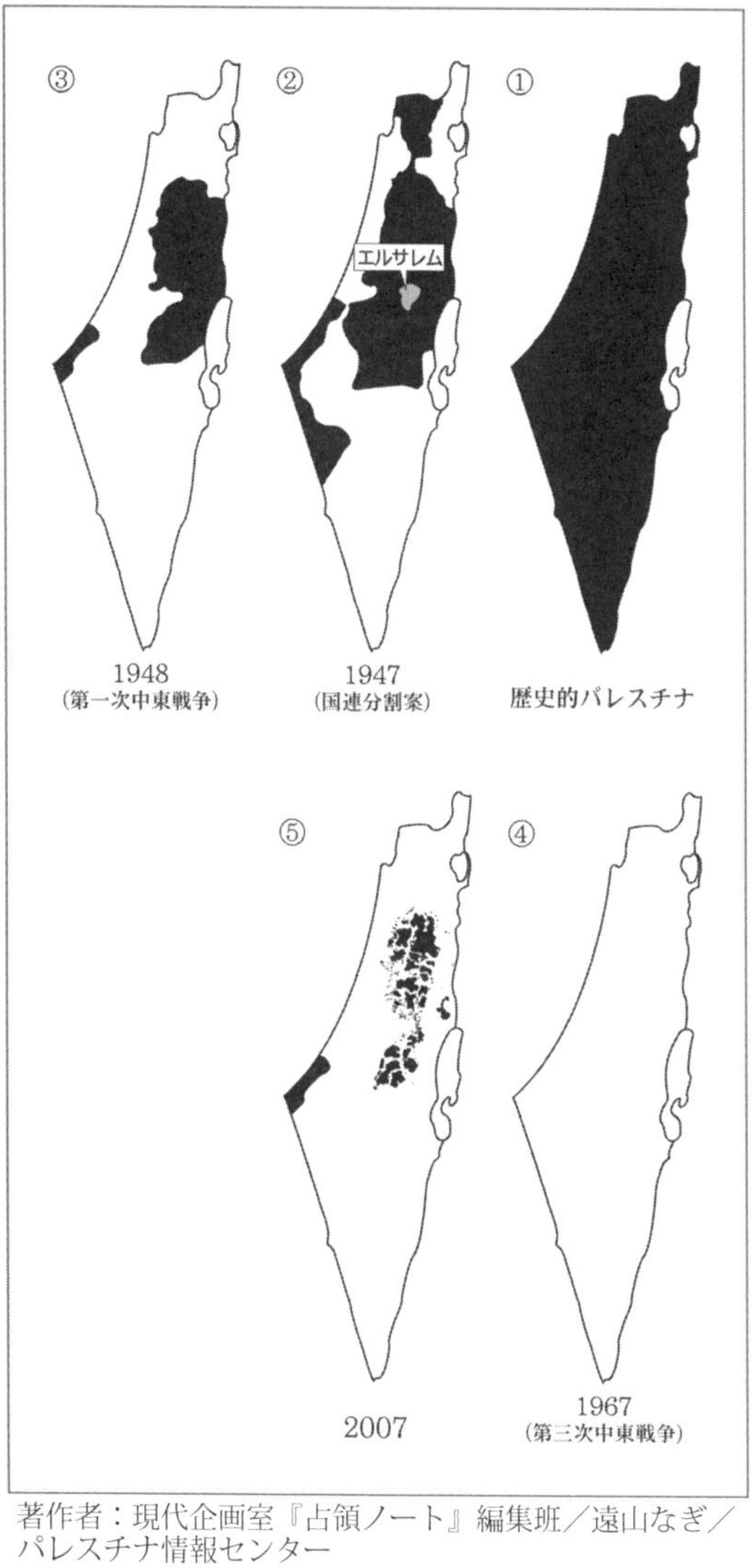

著作者：現代企画室『占領ノート』編集班／遠山なぎ／パレスチナ情報センター

あろうとなかろうと、占領により一秒一秒が規定されるといっても過言ではない生活を日々送らざるを得ないのです。また、爆撃は、この不可視化された構造への注目をそぐための役割も果たしているともいえるでしょう。国際社会は、占領に起因する現在の構造的暴力の大きな部分が、１９９１年から１９９５年までに締結された一連のオスロ合意、つまり「パレスチナ暫定自治に関する原則宣言」、「ガザ・エリコ先行自治協定」、「パレスチナ拡大自治合意」により築かれたことをきちんと理解すべきでしょう。オスロ合意は和平合意ではなく、あらたな植民地化の始まりだったのですから。

軍事封鎖され出入域が困難なガザ地区

さて、奉仕団はガザでの活動にこだわってきましたので、もう少しガザについて話を進めたいと思います。ガザで活動をするといっても、イスラエルにより軍事封鎖されており、出入域自体が著しく制限されていますので、現地事務所を持っていない私たちのような団体にとっては、その実施は非常に困難です。エルサレムに現地事務所を持っている団体の職員にとっても、さまざまな事情でガザ訪問は難しいと聞いています。

ガザの人々は出入域に対して厳しい制限を課せられてきました。ガザでの治療が難しい病気を患い、東エルサレムの病院に行かざるを得ない者や、イスラエルでの労働許可の取得者（10月7日のハマースによる急襲直前はその数は以前よりも増えてはいた）などにはイスラエルへの入域が認められますが、簡単ではありません。病気の子どもの病院へのつきそいを祖母がしているのを見たことがあります。年齢的にまだ若いと思われる親にはガザからの出域許可が出なかったのです。

また、こうした出入域制限はガザの人々だけに課せられているのではありません。私たち外国人にも課せられています。そして、事前にイスラエルから入域許可を取得しなければなりませんが、申請すれば誰でも取得できるわけではありません。現地でプロジェクトをしているとか、イスラエルで正規登録をしているNGO関係者であるとかなど、手続きを含め数か月前から準備が必要です。封鎖された小さな空間であるガザの状況が外部に伝わりにくいのは、一つはそうした背景があることが理由になっていると思います。猫塚さんが初めてガザ入りをしたのはいつですか。

猫塚　2013年です。

清末　ガザに入るということ自体、読者の多くの方々にはなかなか想像できないことだと思いますので、その話を少ししたいと思います。猫塚さんが先ほどおっしゃっていたように、私たちがパレスチナに行くときには、日本からアンマンまで飛行機で行き、そこから陸路でイスラエルとの国境を超えるか、日本から飛行機でベングリオン空港に行くかのいずれかのルートを使います。私の場合、奉仕団のメンバーになる前はアンマン経由で行くことが多かったのですが、奉仕団のメンバーになってからは時間の節約の意味も含めて、ベングリオン空港を利用するようになりました。イスラエルに入国さえできれば、ヨルダン川西岸地区に行くのは難しくありません。しかし、ガザは行きたいと思っても、簡単には行けない場所なのはすでに説明した通りです。猫塚さんが最初にガザに行こうと考えたのはいつですか。また何がきっかけだったのですか。

猫塚　奉仕団の立ち上げのきっかけは、イスラエル軍による2008年末の大規模なガザ侵攻でした。最初から、ガザで軍事侵攻による被害にあった人のために何かすることができないか、というのが、私たちの頭にあったことでした。とはいえ、すでに話が出たように、行きたくてもガザにはそう簡単には入域できないわけです。そのことは、パレスチナを訪ねてから非常によく分かりました。

私たちが初めてパレスチナを訪問したのは、繰り返しになりますが、2011年2月のことでした。ジェリコのクリニックで医療奉仕をした後に、UNRWAの医療局長で医師の清田明宏さんから電話が来ました。クリニックから清田さんに、日本の医療関係者が訪ねてきて治療をしていったとの連絡が入ったようでした。清田さんが「アンマンからエルサレムに行く途中にジェリコを通るので、そのときにぜひ会いたい」とおっしゃったので、私も快諾しました。といいますのは、以前、読売新聞でパレスチナの記事を読んだときに清田さんのお名前が載っていたのを覚えていたからです。でも、私の方から直接面識がない清田さんにアクセスしてみるという考えが及ばないうちに、ありがたいことに清田さんの方からアクセスしてくださいました。そして、ジェリコで待っていたら、わざわざ訪ねて来てくださったのです

「まだ時間があるから、エルサレムまで行って食事でもしませんか」と誘っていただきましたので、奉仕団のメンバー全員で行くことにしました。実はそのとき、清田さんの車に乗せていただいたのですが、途中で「奉仕団としてガザに行きませんか」といわれました。望んでいたとはいえ、突然のことでしたからさすがに驚き、胸がドキドキしました。そして、「どうやったら行けるのですか」と尋ねると、なんと「私が案内します」と答えてくださったのです。そこからガザ行きが始まりました。

清田さんやＵＮＲＷＡのガザ現地事務所の職員である吉田美紀さん経由でイスラエル軍に入域申請をして、許可書を得ることになったのです。そうでなければ、私たちはガザに入ることはできません。イスラエル内務省からではなく、イスラエル軍からの許可書が必要なのです。許可書の取得だけでなく、安全第一ということから、ガザ入域後は国連の車で移動させてくれるということにもなりました。私たちの場合は、医療活動から清田さんとの出会いにつな

がり、ガザ行きが実現しましたが、それは本当に「幸運」なことで、清末さんがさきほどおっしゃたように、普通はそう簡単には入ることができません。

２０１３年に始まった私たちのガザでの活動は、封鎖に対する細い針の一穴ぐらいの小さな意味しかないかもしれません。それでもガザに行き、ガザの実情に関する現地の生の声を外に持ち出してくる。これも奉仕団に課せられた大きな役割の一つなのではないかと思っています。

ところで、ガザ行きの最初の頃は、半年単位の許可書が出ていましたので、その有効期限内であれば、日本に帰国してから再訪することが可能だったのです。実際に、一つの許可書で2回入域できたこともありました。ですが、いまでは何月何日に入域し、何月何日に出域する、その次は何月何日に入域し、何月何日に出域するというふうに、先に日程がしっかりと決められる形になりました。出入域が以前よりもさらに厳しくなったのです。

清末　猫塚さんと一緒の訪問のうち2回はガザに入ることができましたが、あと1回はガザ行きも予定してエルサレムに行きましたが、イスラエル軍のガザ攻撃が始まり、ガザへの入口であるエレツ検問所が閉まった関係で、そのときの滞在期間中の入域はあきらめるしかありませんでした。つまり、許可を取得できたからといって、必ずしもガザ行きが実現するわけではないということですよね。ガザに対する空爆は小規模のものなら本当に頻繁に行われており、とてもではないですが数えることはできません。少し規模が大きいものが連日にわたって行われると、エレツ検問所が閉まるのは通常のことですね。

ヨーロッパ・ガザ病院の手術室で現地の医師たちと（2018年10月）

ちなみに、私がガザに初めて行ったのは2000年末でした。いまから20年以上前のことです。そのときは、イスラエル軍から事前に許可書を取得する必要はなく、エレツ検問所もいまのような頑丈な建物ではありませんでした。もっと簡素だったのです。検問所にいたイスラエル兵と交渉し、だいぶ待たされましたが、最終的には入れてもらえました。以前、そのことをエルサレム駐在の特派員の方やNGOの方に話したところ、驚かれました。いまでは陸路での出入国の手続きをするような感じになっています。イスラエルを出国し、ガザという「国」に入るような形とでもいえばいいでしょうか。そういえば、ガザを出てイスラエルに戻るときは、入国を認める新しいカードを発行してくれますね。滞在許可日数もそのときから始まり、その前のイスラエルの滞在日数はカウントされていません。しかし、それはガザが占領から解放されたことを意味しません。むしろ、後述するように占領ゆえに起きる軍事封鎖は、猫塚さんが10年にわたる繰り返しの訪問で見てこられたように、ガザの人々をさまざまに追い詰める苛酷な手段になっていると思います。

出入域の際は厳重な荷物チェックをされるので、すごく緊張します。特に、ガザを出てイスラエルに戻るときの荷物チェックはなかなか経験することはないレベルの厳重さだと思います。奉仕団のメンバーの出入域のときの顔には一様に緊張感が出ています。出るときにまた厳重に調べられ、カバンから荷物が乱暴に出されて、ぐちゃぐちゃにされますし、食べ物でも錐か何かで穴をあけられたりしますよね。なので、精神的にうんざりするわけです。それでも、私が奉仕団のメンバーとしてガザに行こうと考えるのは、イスラエルが「安全保障」や「対テロ」の名の下で正当化してきた長年にわたるガザに対する封鎖措置は、ガザの人々全体に対する集団懲罰に相当し、国際法に抵触すると考えているからです。もちろん国際法違反の問題はそれだけではありませんが。法学研究者としては出入域を厳しく制限し、フェンスや壁で囲んだ狭い空間に約220万人を押し込めてきた行為を認めるわけにはいかないのです。したがって、「世界最大の野外監獄」「世界最大の天井のない牢獄」と呼ばれるガザに行くことは、国際法違反に対する一つの挑戦や抵抗と位置づけています。なお、国際法違反という意味では、メディア報道などで「ガザを実効支配している」と表現されるハマースが、イスラエルに向けてロケット弾攻撃をし、民間人に恐怖心を与えてきたことも、支配されている側であることを十分に考慮したうえで問題視する必要があるのはいうまでもありません。

猫塚さんがおっしゃったように、私たちのガザ行きは本当に細い針で小さな穴を一つ開けるようなもので、大きな力にはならないかもしれません。しかし、少なくとも国際法違反だと判断し、本来的には存在しえないはずの野外監獄にあえて行こうとすること、それを継続しようとすることは、小さな穴を少しずつ広げていくことを意味するのだと信じています。

占領と貧困による健康悪化と若者の絶望

清末　ガザには、封鎖下で物資の搬入が通常のレベルでは理解できないほど著しく制限され、経済活動も疲弊しているために仕事が見つからず、生活を維持するための現金をなかなか手にすることができない人々が多数住んでいます。人々を取り巻く貧困と健康問題をどのように考えておられますか。

猫塚　パレスチナ人の主食はパンです。UNRWAや世界食糧計画（WFP）から小麦の配給がありますので（UNRWAの配給はガザの人口の約70％を占める難民を対象。難民とは1948年のイスラエルの建国の過程で故郷を追われて難民化したパレスチナ人とその子孫を指す）、貧困世帯ではより一層パンを中心とする食生活にならざるを得ません。配給がなければ、生活はとてもじゃないですが成り立ちません。ですから、このような食生活では肥満にならざるを得ないと思います。

さらには、もう少し後で詳しい話をしますが、2018年には封鎖下の燃料不足により、発電所の稼働が困難になり、下水処理ができなくなったことから生活排水をそのまま海に放出せざるを得なくなりました。ですから、ガザの海は大変汚染されているのです。また、汚染水の影響は土壌にも及んでいます。そして人々の身体にはそこで栽培された野菜が入っていきますから、健康への影響が心配されます。ガザでは漁業や農業がおこなわれています。漁師たちは海が大変汚染されていることはわかっていますが、食べるためには漁に出ざるを得ないのです。しかも、漁に出ることができる海域も封鎖により制限を受けたりもしてきました。農業についても汚染水問題だけでなく、イスラエルとの境にあるフェンスの近くに農地があると攻撃を受ける可能性がありますので、非常に危ないです。

一方、封鎖とはいえ、イスラエルにとってガザはイスラエル製品を買わせる消費先でもありますので、イスラエルから野菜や果物も輸入されてきました。総じて値段が高いです。なお、イスラエルの野菜には値段が高い野菜と安い野菜があり、高い野菜の方は安全な土壌で栽培されているようですが、安い野菜については安全性が少し疑問視されるようなものが含まれています。

清末　ＵＮＲＷＡやＷＦＰなどからの食糧援助がなければ、ガザの人々の多くは食べていけないわけです。習慣的に甘い紅茶をたくさん飲まれる人も多いので、食糧援助として砂糖の支給もそれなりに多いですよね。食糧援助はとにかくお腹を満たすのが主目的になりますから、健康にいいかどうかは二次的なものにならざるを得ません。私が猫塚さんの診察現場についていったときに強い印象として頭のなかに残ったのは、患者には非常に肥満の方が多いこと、そして糖尿病を患っている方が多いということでした。私は医者ではないのでわかりませんが、こうした健康状況は封鎖に関係していると見てもいいのでしょうか。

猫塚　関係あります。できるだけ安価でお腹を満たすことができるようなものを食べざるを得ない主要因の一つは、現代的な文脈では封鎖とそれに基づく貧困です。イスラエルにとってみれば、こうした表現が適切かどうかはわかりませんが、「殺さず生かさず」というつもりでいるのではないでしょうか。封鎖下で多くの人々は健康な状態を維持できる生活を送ることは難しく、現地で診察などをすると、なんとか生きることができるぎりぎりのところに置かれていると思わざるを得ません。

清末　封鎖下の食糧事情や経済事情については、すごく忸怩たる思いを持ちます。東エルサレムを含むヨルダン川西岸地区とガザを占領しているイスラエルは、ガザに対して国際法違反の軍事封鎖をしています。それは対パレスチナという意味で、占領者の立場にあるからそのような非道なことができる力を有するわけです。国際法の観点から考えると、本来的には、占領者であるイスラエルが、ガザの人々が生活を維持することができるような措置をしなければならないはずです。それなのにイスラエルはそうしない。ガザの人々は封鎖下で食べることができないため、国際機関やＮＧＯが人道支援という形でイスラエルの肩代わりをせざるを得ないわけです。イスラエルが定期的に行ってきたガザに対する軍事攻撃により破壊された家屋やインフラの再建も国際機関などが復興支援という形で肩代わりしてきました。それはおかしなことです。

また、イスラエルは国際機関やＮＧＯによる人道支援を無条件で受け入れてきたわけではありません。イスラエル側に一定のメリットがあるから、制限しながらも部分的には認めるわけです。その一つは先にいった「肩代わり」ですし、それ以上といえるかもしれませんが、「占領ビジネス」というか「封鎖ビジネス」のうまみの側面もあるからです。国際機関やＮＧＯが人道支援として食糧などの支援物資をガザに入れる場合には、その物資をどこから入手するかという話です。全部とはいいませんが、イスラエルの市場から購入し、お金がイスラエル側に落ちていくわけです。その意味では、人道支援はイスラエルの封鎖の構造のなかにうまく組込まれるという矛盾が生まれるのです。人によっては、それを「封鎖への加担」「占領者への加担」「封鎖ゆえに国際機関やNGOが活動の現場を見いださせる」などと批判することもあるでしょう。実は私自身もその構造を批判的にとらえてきました。しかし、だからといって、封鎖下のガザの現状を知っているのに、何もしなくてもいいのかという「モラル」も問われるわけで、実際に目の前に手を差し伸べざるを得ない人がいれば、何もせずにはいられなくなる。これは大変なジレンマです。人道支援をする際には、このジレンマに向き合うことができるかどうか、こうした構造を批判的にとらえ、その解消つまり封鎖の解除を求めるかどうかが強く求められると思います。

国際的な人道支援に限らず、先に話が出たように、ガザはイスラエルの農家や企業からすれば、市場の一つでもあるわけです。一方的に封鎖された市場です。単に封鎖をしているわけではないのです。もっともイスラエル政府からすれば、ガザは水も燃料も電気も自分たちに依存しているではないかとの主張になるでしょう。しかし、封鎖措置はガザの人々の尊厳あるくらしを持続させるための「発展」や「自立」の道を阻害し、「依存」せざるを得ない人々の生死を手玉に取る構造から成り立っていることを指摘しないわけにはいきません。また、国際援助に頼らざるを得ない生活が長年続くということは、人々を非常に惨めな思いにもさせます。それは人間の尊厳にかかわることです。

私たちはガザで活動をするときには、宿泊先でカレーなどを作ったりして自炊することが多いです。スーパーでそのための材料を買う際に、私は野菜コーナーにいるお店の人に野菜の産地を確認しながら買います。小さなことかもしれませんが、できるだけそういう封鎖の構造に加担したくないからです。

猫塚　ガザは面積が約360平方キロメートル、縦は約50キロメートル、横は5〜8キロメートルしかない小さな地区です。ここに約220万人の人々が暮らしています。うち7割以上が難民です。イスラエルによる軍事封鎖により人々が閉じ込められてから16年です。長く続く封鎖により、ガザは経済的には立ち行かなくなっています。清末さんがおっしゃったように、窒息作戦により発展できないようにされてきたわけで、その結果、若者は深刻な失業状態に陥っています。失業している若者は60〜70パーセントくらいいるといわれており、将来に対する見通しが立たないのです。

ガザには医学部がある大規模の大学が2校あります。小規模の大学だと5校あります。ガザ・イスラーム大学とガザ・アル＝アズハル大学という大きな大学からは、毎年1万数千人の卒業生が出ます。しかし、卒業後は働く場所がありません。医学部からは毎年30〜40人ほどの卒業生が出ますが、医師や看護師になろうと、働く病院がないのです。つまり若者にとって、ガザとは未来に対する希望を持つことができる場ではないのです。

また、先ほど述べたように、水質汚染も土壌汚染もひどいです。一番の原因はガソリン不足です。以前はガザ南部のエジプトとの国境に2000ともいわれる地下トンネルがあって、それらを通してそこそこガソリンが入ってきたので、夜もそれなりに電気を使うことができました。2011年の「アラブの春」における「エジプト革命」が起きるまで、エジプトはガザに対するイスラエルの行為に協力的で物資の搬入も難しかったのですが、アラブの春以降は制限が緩和されたので、ガソリンが入るようになったのです。ところが、14年のイスラエルのガザ軍事侵攻の際に、地下トンネルは破壊されました。また、そのときにはすでにエジプトで軍事クーデターが起こっていましたので、再びイスラエル寄りの政策がエジプトで進められるようになっていました。エジプト政府はガザとつながるすべてのトンネルに海水を入れて、完全に破壊してしまいました。これを機にガソリンがほとんど入らなくなりました。現在はまたガザの地下にトンネルがあるという報道も目にしますが、それについてはわかりません。

ガザには発電所が一つあるのですが、過去の爆撃や老朽化で修繕しようにも、イスラエルが必要な機材の搬入を認めないので稼働力が落ちてきたのです。加えて、繰り返しになりますが、燃料不足のため電気の供給量が減り、下水施設を稼働させることができなくなったことから、生活排水の処理をせずに海に放出する措置を取らざるを得なくなりました。それにより、海が汚水にまみれてしまう状態が続いています。また、下水設備が整っていない家が多く、汚水が溜まった汚水池が各所にあります。そのために土壌にも汚水が染みているのです。飲み水も安全ではありません。そういう汚染された大地や海辺での暮らしは、ガザの人々の健康被害につながっています。

医療関係者から、ガザでは子どもの知的障害、赤ちゃんの心臓疾患、先天性形成異常の3つの疾患が最近増えていると聞きます。例えば、生まれつき手の指が4本しかない子ども、あるいは6本あるという子どもが生まれています。ガザの水質汚染と土壌汚染は相当な段階にきていると思います。

2018年5月からは、「グレート・マーチ・オブ・リターン」と呼ばれる、封鎖の解除とパレスチナ難民の祖国へ帰還を求めるデモが行われてきました。具体的には、ガザとイスラエルの境にあるフェンス周辺で毎週金曜日に行われる平和的なデモ行進です。これに対し、イスラエル兵は若者の下肢や足を狙って実弾で撃って弾圧します。開始から3か月の間に1300人くらいの負傷者が出ました。そのときにはWHOからの要請があり、私は2018年7月に手術の応援のためにガザに行きました。イスラエル軍の弾圧により、肢体が不自由な者が相当数出て、そのこと自体が失業の原因の一つにもなっている現状があります。

若者といえば、厳しい封鎖措置が課せられるなかで、なんとか南部のラファーからエジプトとの国境を越え、カイロまたはアレクサンドリアまで行き、そこから難民として海外に向かう選択をする若者も増えてきているそうです。ラファーからカイロの空港に行ったり、またはアレクサンドリアの街に行ったりするためには賄賂も必要だということです。合わせて60万円ぐらい必要で、それを家族や親戚からかき集めてやっと出ていくのですが、カイロまで着いてもそこで追い返されてしまう可能性があり、実際に海外に渡航できるのはほんの数パーセントだけとも聞きます。追い返される場合、パスポートを取り上げられたまま、カイロからぎゅうぎゅう詰めの狭いバスに数日乗せられて、ラファーまで戻されるのです。「もう二度とエジプトを通って外に出ようとは思わない」「私たちをまたナクバ（大災厄。イスラエルの建国の過程で70万人とも80万人ともいわれるパレスチナ人が故郷を追われ難民となったことを意味する）の状態にするのか」と、現地の若者は涙ながらに語っていました。

そうしたことを見聞きしてきた私は、ガザの若者が希望を失うことを一番怖いと思っています。自殺が増えていますし、また焼身自殺により自分の窮状を訴えたというケースもあります。ガザの人たちの精神的ケアにかかわることも、奉仕団の課題の一つだと考えています。

ガザに寄り添う強い思い

清末　人口のマジョリティにあたる7割が難民というのは、ガザの異常性を物語っているともいえますね。通常、難民はマイノリティですから。その意味では、ガザは巨大な難民キャンプともいえる空間ですね。これまでのお話でもわかりましたが、猫塚さんはガザに対して非常に強い思いを持っておられます。もともとの奉仕団の始まりがそうであるわけですから。では、最初に２００８年のガザへの軍事侵攻を知ったときの衝撃、またそれ以降に蓄積されてきたガザに対する思いを教えていただけますか。

猫塚　２００８年に札幌でガザ侵攻に関する緊急抗議集会が行われました。インターネットが普及していますので、海外とも情勢に関する情報交換ができていました。そうした流れのなかで、どの報道であったか忘れましたが、ガザの医師たちが停電のため、携帯電話の灯りを寄せ集めて、手術を行っているという記事を読んだのです。日本の手術室では無影灯の下で看護スタッフが全部揃い、私が指示を出すと必要な器具が出てきます。そして患者の手術を終えるというのが当たり前のことで、それが手術の際の医療現場の日常です。しかし、同じ医師なのに、同じ医療関係者なのに、同じ患者なのに、ミサイルや戦車で攻撃され、生きるか死ぬかのなかで、携帯電話の灯りを集めて治療するなんてことは許されない。それがガザに対する最初の思いでした。そこで働いている医療関係者や、手術を受ける患者は一体どういう気持ちでいるのか。実際に現地に行き、自分の目で見て、そこの医師たちと話をしたいというのが率直な思いでした。

ガザでの活動を始める前の2年間は東エルサレムとヨルダン川西岸地区で活動をしたのですが、そのときに感じたのは、21世紀の現代においてパレスチナ人はいわれなき理由で生活や人生が破壊されている、なかでも一番ひどい目にあっているのはガザの人々なのではないか、しかも約220万人もいる、ということでした。そういう人々のことを思うと、医師である自分は黙っておくことはできないのです。私を含む医療者は差別することなくあらゆる患者に平等に対応し、分け隔てなく病気に立ち向かうのが本来の姿です。ですから、ガザで起きていることに対し、私たち医療関係者は立ち上がらなければならない、という思いもありました。

奉仕団を立ち上げたときには、札幌をはじめ北海道の多くの医師たちも賛同してくれました。皆さんも放っておくわけにはいかない、という思いから、パレスチナでの医療支援を後押ししてくれました。先ほどいいましたように、携帯電話の灯りを集めて手術をやっていることを知ったときは、強い衝撃を受けましたが、実は私も同じことを2018年にガザの病院での手術中に体験しました。本当に無影灯も含めて電気がすべて消えてしまい、手術室が暗くなったのです。そうしたら麻酔科の医師や看護師が、スマートフォンを出して、手元を灯りで照らしてくれました。10年前の2008年当時は、スマートフォンではなく、ガラケーの弱い灯りを集めてやったのだと思いびっくりしました。この体験を通して、最初にガザへの思いを抱いたときの記憶を思い出しました。

清末　私が奉仕団の活動として出張アトリエを担当してからすぐに、パレスチナを訪問してもガザでそれを実施することができるとは限らない、ということを痛感しました。私たちの2018年秋のガザ訪問の際も、入域したその日の夜にイスラエル軍が南部に入り込んだことがハマースの戦闘員に見つかり、衝突が始まりました。翌日にはガザ全土でイスラエル軍が空爆を始めました。そうした緊張下においてもクリニックが空いている限りは医療活動をしました。しかし、爆撃下で子どもを学校に行かせたいと思う親はいるはずもなく、最終的にはUNRWAの学校自体が爆撃により封鎖されたこともあり、出張アトリエを実施できないままガザから出域せざるを得なくなりました。このようにガザに入ることができた場合でも、プロジェクトを実施できる保証はないということです。結局、私が初めて国連の学校で出張アトリエを実施できたのは、それから1年後の2019年秋のことでした。同年3月に再トライのためにガザ行きを計画し、私は猫塚さんたちと一緒にとりあえず東エルサレムに行きましたが、イスラエル軍による爆撃によりガザへの入域自体ができませんでした。

２０１９年秋のガザ訪問の際もＵＮＲＷＡの吉田美紀さんが学校との調整をしてくださいました。そのときは前の経験もあるので、ガザの宿泊先から学校に向かう途中は、今日は本当に実施できるのか、急に爆撃が起きたりしないかなど、色々考えてしまい、実は胸のなかはどきどきしていたのです。いつ何があってもおかしくないところですから。ガザへの入域も難しく、入域後も不安定なことが多々ありますが、圧倒的な情熱をもって一人ひとりの診察に取り組む猫塚さんの姿を見つめながら、私たちはガザにこだわり続けていくのだろうと思っています。

猫塚　日本には海外渡航に関して、退避勧告や渡航中止勧告といった４段階の基準があります。それと国連の基準は別です。なので、私たちは「どちらの基準で活動しているのか」とよく質問されます。それに対して、私は「日本の基準ではなく、国連の基準でやります」と答えています。攻撃が始まると、現地の日本政府代表事務所はすぐに出国を勧告します。安全第一という意味ではその通りです。一方、パレスチナ人に対して、私たちがどれだけ献身的に当初からの予定通りに奉仕活動をやるかということも、非常に大切なことです。最大限の安全を確保するように努めながら、ぎりぎりまでは支援の手を緩めないというスタンスを堅持するのが私たちの考えです。

もちろん安全第一ですから、現地で負傷したり、命を落としたりといったことは絶対に避けなければなりません。そのときに非常に大事なことは、ガザであればガザの人たちとのコミュニケーションだと思います。いままで何度もガザに入ってきましたが、同じところで同じ人に会ってきたからこそ、危ないときには貴重な助言をもらうなど、助けていただける関係を築いてきました。おかげで、危険がありそうなときでも、状況を見ながらガザの友人が夕食を届けてくれるといったこともあります。それから可能な限り奉仕団が当初の予定を完遂できるよう、国連関係者やＪＩＣＡの現地職員も一生懸命手を貸してくれます。２０２０年と21年はコロナ禍で現地には行くことができませんでしたが、22年8月に現地活動を再開した際に少し期間は空いたけれど、これまでの活動の積み重ねにより、地元の人々から徐々に信頼を寄せてもらえるようになったと実感しました。また、活動する地域も以前より広がったと思いました。例えば、ガザでも南部のラファー難民キャンプで初めて診療と出張アトリエをすることができました。清末さんも一生懸命やっています。そういう私たちの姿を現地の人々は見てくれているわけです。

毎年秋頃になると、ガザでも東エルサレムでも、そろそろ日本から奉仕団がやって来る、と思ってくれるパレスチナ人がいて、実際に訪問すると「また戻ってきたね」「そろそろ来ると思ってた」といいながら、自然に受け入れてくれるような感じになっていますね。

清末　ガザの人々は域外に出ることが非常に困難であるわけですが、私たちの場合には入域は難しいけれど、出域はそれなりに容易です。出たくても出ることができない人々がいるなかで、「爆撃始まったのでさようなら」とはなかなかいえないです。安全第一を念頭にギリギリまで活動を追求するのが、私たちのやり方ですね。

猫塚　逆に自分がガザのパレスチナ人だったらどう思うか、ということを考えてみる必要があります。さまざまに支援を受けざるを得ない立場にあるときに、支援者がその人ができるギリギリのところまで力を尽くしてくれるのなら、頼りになる、信頼できると思うのではないでしょうか。私が子どもだった頃、学校のある先生に身をもって守ってもらえたことから、それ以降その先生には猛烈な信頼感を寄せるようになりました。そのことから、安全第一のうえで、自分の持っている力でギリギリまで尽くすということが、現地との信頼関係に基づく奉仕団の活動の発展に非常に重要なことだと思っています。

清末　ガザの人々を見ているときに、封鎖がもたらす苛酷な状況下で人間になることを追求するとはこういうことを指すのではないか、と思わされることがあります。現地では、私たちがガザを年に1回程度訪問することを知っている人は知っています。詳しいことはわからないけれど、医療や子ども支援をしている人たちというイメージを持って見ている人もいますね。もちろん、私たちのことをまったく知らない人々はたくさんいるわけですが、そもそもガザを訪問する外国人は非常に少ないので、私たちが行くとものすごく珍しがられます。そういう目立つ存在だからということもあると思いますが、そもそもパレスチナ人は客人に対するホスピタリティを大事にしてきた人々ですから、私たちに対しても歓迎の意味を含めてお手伝いをしてくれたり、いろんな意味で優しくしてくれたりします。単純に客人に対するホスピタリティということだけでなく、封鎖されているガザに入って来ようとする外国人がいることに対し、自分たちができる最大のホスピタリティを見せて迎えたい、という気持ちを示すことがあります。それが、どんなに苛酷な状況に置かれていても、自分たちがパレスチナ人であろうとすること、人間であろうとすることを忘れまいとするガザの人々の矜持なのでしょう。

ここでホスピタリティにかかわる二つの例を紹介させてください。一つ目の例は猫塚さんも一緒におられた場で起きたことです。2019年秋の訪問時に、私たちは現地の病院関係者に会うために、ビーチ沿いのあるホテルのロビーに行きました。その日は休日でしたので、ガザのあちこちで結婚式が行われていました。そのホテルも結婚式の会場の一つになっていました。パレスチナ人の結婚式では楽団を雇うこともあるので、ロビーでは太鼓弾きやタンバリン弾きなどの音楽家が自分たちの出番を待っていました。私たちを目にして、外国人がいるとばかりに嬉しそうに笑顔で話しかけてきて、いきなりその場で歓迎の演奏してくれましたね。音楽家だから楽器を奏でて歓迎を表すよ、という意味だったと思います。私はそれが本当に嬉しかったのです。嬉しくて、嬉しくて仕方なかったのです。私もヴァイオリン演奏を趣味の一つ

演奏してくれるガザの音楽隊（2019 年 10 月）

にしていますし。

もう一つの例は、ガザ市の中心部の路上で話したイチジク売りです。私はイチジクが大好きなので、宿泊先で食べようと思い、1箱いくらか尋ねてみました。夕刻が近づいていた時間だったこともありますが、イチジク売りが「1箱は無料であげるから、2箱持っていけよ」といってくれました。私と一緒にいる奉仕団のメンバーの人数を見て、2箱はいると思ったのでしょう。大判振る舞いで、もってけ泥棒みたいな感じでした。皆でガザのイチジクを食べてね、とばかりに。「ガザ市の近くに住んでいる。自分のところで採れたイチジクだ」といってました。現金を得るために重要なもののはずです。それでも、「食べろ」

というのです。この気持ちも本当に嬉しかったです。

医療と教育は待ったなし

清末　本対談の冒頭で話が出た「飛んでけ！　車いす」や私も参加している奉仕団の活動経験を聞くと、猫塚さんは常に「医療は待ったなし」という気持ちを持って現地に行かれていることがわかります。私は大学で教えている研究者ということもあり、教育に大変関心があります。その教育も「待ったなし」と思うことが多々あります。とりわけすでに話をしたように、アフガニスタンの旧ターリバーン政権時代は、基本的に女子は10歳くらいまでしか教育にアクセスできませんでした。なので、その時代が就学年齢だった女性のなかには字を書けない人たちがたくさんいます。また、長い戦乱が続き、隣国で難民生活を送るなかで教育へアクセスできなかった女性たち、そもそも女性に教育はいらないと考える親の下で教育にアクセスできなかった女性たちもたくさんいます。そういう状況なので、識字教室というのは非常に重要なのですが、家族の無理解や家事責任を含め、大人になってから学ぶのは大変です。人にもよりますが、総じて子どものように学びが早いわけではありません。こういう現状を見てきましたので、「待ったなし」という発想に行きついたのです。

奉仕団の活動は医療支援から始まりましたが、途中から子ども支援が加わり、現在ではこれらの活動を「待ったなし」の思いでやっていますね。占領の終結なくして、生活の隅々にまで影響を及ぼしてきた占領の影響が生むストレスの緩和はありえません。もちろんそのための努力を惜しまないことが求められますが、いうまでもなくその実現が即時になされるわけではありません。したがって、少し長い視点から、苛酷な状況に抗するための「小さなこと」の積み重ねを図り、その結果、子どものストレスが少しでも緩和されるような方向性に向けて歩みたいのです。例えば、ガザが置かれている状況をおかしいと思っている人々がガザの外にいて、ガザのことを忘れずに定期的に訪問し続けることで強圧な封鎖に抗おうとしていることを共有することとです。人口密度が高く、人口の40％以上が子どもであるガザでは教育の機会を子どもたちに担保しようとすると、二部制にせざるを得ません。これまでの軍事攻撃の影響もあり校舎も足りないのです。また教育用の予算も限られています。なので、たくさんの科目を開講することができず、美術や音楽はあとまわしになるのです。出張アトリエは、年に1回であってもそうした実情をほんの少しだけ補う教育の機会になると位置づけています。

ところで、猫塚さんが「医療や教育は待ったなし」と思われるようになったのはいつからでしょうか。何かきっかけがあったのですか。

猫塚　「医療における待ったなし」というのは、人間の命が危ないときにはとにかく助けなければいけない、ということを意味します。救命措置をしなければならない事態は必ずあるわけです。若かったときの経験を少し話します。札幌での医学部生時代に無医村セツルメントサークルに入っていました。当時、広い北海道には医者のいない村や街がたくさんありました。通っていた大学に「グリート」という名のサークルがあり、北海道の無医地区を解決するための活動などをいろいろやっていました。先輩や同級生とこの問題について議論をするなかで、医療や教育はお金の有無や住んでいるところの違いで差があってはいけないと思ったのです。この影響があり、差があるのであれば、それを縮める努力を不断にやらないと医療を語ることはできない、というのが、後に私が医師になるときにはすでに根付いていた考えでした。

十勝平野の更別村にフィールドワークに入ったことがあります。いまはすでにひらけたところになりましたが、当時はいまとはまったく違いました。携帯電話がない時代です。冬に迷子になったのですが、近くの農家に入れてもらうことができ、助かったという経験をそこでしました。フィールドワークで出会った現地の青年団の人とは、あれから50年以上経っていますが、いまでも交流があります。青年団の人や小学生と一緒に遊んだことも何回かありました。こういう交流を通して、どこに行っても人間は同じであり、不公平なことがあってはいけないと感じてきました。

医療を語るときにはまずそれが大前提です。パレスチナの文脈で医療について語る場合でも同じです。例えば、ガザには封鎖の影響で心身ともに苦しんでいる人々がたくさんいて、これまでもイスラエル軍の攻撃でたくさんの死傷者が出ています。それを黙っていることができないと思ったので、飛び出したのです。それに対して、大学時代の同級生が応援してくれました。高校や小中学校時代の友人も寄付を送ってくれます。猫塚がパレスチナで医療をするというなら、応援すると……。

苦しんでいる人々のために何かやりたい、でも自分には何もできないのではないかと悶々としたことがありました。いまの北海道では無医村問題はほとんどなくなっているわけですが、世界には医療がまだまだ足りないところがあります。アフガニスタンもミャンマーもそのなかに含まれますが、私はパレスチナでの医療支援に関与することになりました。

教育の問題も同じで、医療とともに人権問題です。医療を受けるということは、自分の健康を守ることであり、また病気になったら当然にして治療を受けることができることの意味が含有されています。これは権利として語るべきものです。教育も同じで、教育を受けるのは義務ではなく権利です。私は医療と教育というのは、人間を支える車の両輪のようなものだと考えています。

清末　アフガニスタンのＲＡＷＡも両者の待ったなしを軸に据えて活動をしてきました。ＲＡＷＡはソ連の侵攻時代に多くのメンバーが身の危険からパキスタンに避難せざるを得なかったため、主な拠点がしばらくパキスタンにありました。そこで、たくさん住んでいたアフガン難民のために、クリニックや児童養護施設、学校などをつくっていきました。そのなかでも特に教育に力を入れてきました。民主的な人権感覚を身に付けることができる教育を子どもたちにすることで、民主的なアフガン社会を支える個人を育成しようとしたのです。その考え方はいまも変わっていません。だから、いまでも教育活動として、共学の小学校、女性用の識字教室を含む隠れ学校の運営をしているのです。小学校に関してはＲＡＷＡと連帯する会が運営費を捻出しています。教育を受ける機会が担保されなければ、女子の将来に大きな影響を及ぼしかねないので待ったなし、緊急時の移動クリニックの派遣も人の命がかかっているので待ったなしということなのでしょう。

中村哲さんとの思い出

清末　猫塚さんは奉仕団の活動を始めるにあたり、医師の中村哲さんから大きな影響を受け、背中を押してもらったと聞くのですが、生前の中村さんとはどういう交流を持たれたのでしょうか。最初のきっかけを教えてもらえますか。

猫塚　中村さんは北海道大学や札幌内のお寺に何度が講演に来られました。そのときは直接会話を交わすことはなかったですが、２０１０年７月に奉仕団を立ち上げたことから、その年の10月に先駆者である中村さんの講演会を札幌で開こうと思いました。それで、「ペシャワール会」に連絡をして、実際に福岡の事務所まで出かけました。

そのときは、ペシャワール会の当時の事務局長の福元満治さん（ペシャワール会理事）に会うことができ、いろんな話をしました。中村さんが書かれた本を何冊も読み、奉仕団を立ち上げたことを説明し、「医療九条の会・北海道」の幹事長も務めている関係から、中村さんには憲法問題についても触れてほしいという依頼をしたのです。会場のホールには７００人の参加者を集めたいといったことも話しました。予定通り10月に中村さんの講演会を開催することになったのですが、その１週間前に中村さんが来れなくなってしまったという連絡がペシャワール会から入りましたので、代わりに福元さんに講演をお願いしたところ、引き受けてくださいました。そのときは８００人の参加者がありました。福元さんのお話が素晴らしかったので、非常に感動しました。

中村哲さんと（2011 年 5 月）

このときの講演は成功裏に終わりましたが、どうしても中村さんに来ていただきたいと思い、翌年に再チャレンジしました。その結果、5月の帰国時に講演をしていただけることになったのです。この講演会も超満員になりました。その際に、中村さんの宿泊先のホテルのロビーでお茶を飲みながら、初めてゆっくりと話をすることができました。奉仕団の立ち上げについて話をしたところ、中村さんから「ぜひ行ったらいい。とにかくやりなさい。動かないことには始まりませんよ」といわれ、猛烈に後押しされました。さらには、「失敗したって全然問題ない」と。

清末　それは猫塚さんの元々の性格と、それをぐっと押してくださった中村哲さんがぴったり合ったということなのでしょうね。

猫塚　さらりと「思い立ったらやってください」といわれたときに、これだと思ったのです。中村さんは、私が待ったなしと考えていることを見抜いておられるのではないかと思いました。その後も中村さんは札幌に何度も講演をしに来られたので、その度に挨拶しに行きました。こういうつながりを持ったので、中村さんと福元さんの双方と話ができます。2020年に奉仕団が中村さんの追悼集会「Remember Dr. 中村哲」を開催する前も福元さんに連絡をし、相談しました。そして、現地で中村さんと一緒に仕事をされていた方に講演に来てもらえないかとお願いしたところ、看護師の藤田千代子さんが来てくださることになったのです。

清末　それ以降、奉仕団は毎年「Remember Dr. 中村哲」というイベントをやっていますが、それは中村さん個人の追悼だけではなく、中村さんが求めたことは何であったのかということをより広い視点で見ていく、考えていくことを目的とするものだと理解しています。

猫塚　そうですね。当初から年に一度の「Remember Dr. 中村哲」のイベントを通して、アフガニスタンにかかわる問題だけでなく、各種の難民問題や人権問題を考えていくことをめざしてきました。つまり、中村さんの思いを受け継ぐという意味で、アフガニスタンはどうなっているのか、これからどういうかかわりを持ったらいいのか、自分たちの足元はどうなっているのか、それが他の地域とどうつながっているのか、といったことを議論し、それをもう少し広げる場としてこれからもずっと続けていきたいと思います。

清末　中村さんはしばしば講演や著書のなかで、憲法9条の意義について言及されておられます。猫塚さんはその点についても影響を受けてきたのでしょうか。

猫塚　影響もありますが、私自身も医師として以前から似た考えを持っていました。戦争をするということは結局、人の身を危険にさらすということです。それは日本人の命の話だけでなく、対戦先に住む人々の命の話でもあるのです。中村さんはこのことを盛んにいっておられました。無垢の人が殺されていくのだと。

軍人同士だけが戦うというのは大昔の戦争の話で、現代の戦争は市民の命を奪うものです。

第一次世界大戦、第二次世界大戦では数多の市民を巻き込み、市民を攻撃して戦争を進める形に変わりました。例えば、今後、日本が戦闘目的で自衛隊を海外に派兵するようなことになれば、現地の人々をおのずと巻き込んでしまうことになり、逆に日本が反撃対象になり市民が殺される可能性が出てくるのです。つまり、戦争そのものが人の犠牲を生む手段であり、結果なのです。その観点から、自分の身を呈して現地で活動されていた中村さんは、憲法9条の大切さを語ってこられました。また、2001年のアフガニスタン戦争における米軍の後方支援のための自衛隊の海外派遣については、国会での参考人発言の際に有害無益だと一蹴されたことがありました。これは、アフガニスタンの人々と真摯にかかわり続けてきたからこその発言でしたので、強い説得力を感じました。

9・11以降の「対テロ」戦争は何だったのか

清末　ここまでの対談では、私たちが主にかかわってきた支援活動について話してきました。次に、アフガニスタンやパレスチナの情勢と大きく結びついている国際的な背景の一つである「対テロ」戦争についても話してみたいと思います。21世紀は、2001年の9・11同時多発攻撃への報復としての「対テロ」戦争から始まったといっても過言ではありません。その最初のものがアフガニスタン戦争でした。これはアフガニスタンだけでなく、イラクやパレスチナなど、他の地域にも多大な犠牲を生むものとなりました。猫塚さんは２００１年以降の米国の動きをどう見られてきたのでしょうか。そしてこの「対テロ」戦争が、イスラエルのパレスチナ占領にどのような影響を与えてきたと考えておられるのでしょうか。

猫塚　米国は９・11を口実にアフガニスタン戦争に着手し、２００３年にはイラク戦争を仕掛けました。私はこれらの戦争その他を見る限り、米国はいつもどこかで戦争を起こさないと成り立たない国なのではないかと思わざるを得ません。米国は東西冷戦時代から世界中に自国の軍隊を派兵してきました。戦争に注ぎ込まれる国家予算も多額です。そこには軍需産業とのかかわりがあります。ロッキード社のような航空機産業や自動車産業などは軍事と密接に結びついています。軍需産業群に群がる民間軍事会社は、元米兵つまり退役軍人の就職先になっています。軍事と産業との関係性や構造を見ると、米国は今後も軍事優先の国家であり続けるのだろうと思わざるを得ません。

９・11以降、「対テロ」という表現に強い違和感を覚えてきました。本対談では括弧をつけて「対テロ」と表現しますが、イスラエルとパレスチナの文脈から「対テロ」の意味を考えると、国際法違反の占領をいつまでも続けるイスラエルをバックアップする論理になってしまいますし、事実、そうなってきました。虐殺を正当化したり、後押ししたりする場合もあるわけです。例えば、２００２年のジェニーン難民キャンプ（ヨルダン川西岸地区）での虐殺、２０００人以上の犠牲者を出した14年のガザ侵攻などです。

米国の世論のうち、若者の意識は変わってきているようですが、もっと多くがパレスチナの占領やガザ攻撃はおかしいという意識を持つと、米国のこれまでのイスラエル支援・肩入れ一辺倒の重心が変わってくるかもしれません。それがなされない限り、米国が率いてきた「対テロ」戦争は、パレスチナを脅かすものにしかならないのです。

さきほど、「対テロ」という言葉に違和感があるといいました。もう少しいうと、非常に抵抗感があります。もちろんすべてではないですが、占領や侵略に対する抵抗を一律「テロ」として否定できるのかと思ってきたからです。人間には不法に攻撃されたときに、防衛をしたり、抵抗したりする権利はあるはずです。21世紀の「対テロ」戦争の一環であるパレスチナに対する占領の強化の視点から考えると、占領者に殺されてきた側、つまりパレスチナ人からすれば、抵抗にあたるわけです。もう少しいうと、自分たちの土地や命を守り、人権そして尊厳を守るための抵抗だと考えることができるでしょう。

清末　もちろん抵抗といった場合に、その手段の正当性については問われると思います。抵抗であれば何でも許されるわけではなく、例えば、不特定多数の民間人の命を奪う自爆攻撃などはけっして許されるものではありません。状況に鑑みて抵抗に向かう人々の気持ちを汲もうとすることには、その手段をも賛成することまでは含まれないわけです。ただ、ここでの論点はその話ではないですね。とりわけ9・11以降の世界では、軍事力で圧倒的に勝る側が国際法違反の侵略行為や無差別の激しい軍事攻撃を行った場合であっても、「対テロ」と主張すれば、政治的にはより正当化されやすくなったことを問題化するということですね。そうした行為が法的には正当化されるわけではないとしても、政治的な駆け引きにおいては容易にされてしまうのです。

「対テロ」という言葉とセットで用いられるのは「自衛」・「防衛」です。それらも「対テロ」と同様の効果を発してきました。また、「自衛」・「防衛」の論理は、9・11以前から軍事主義国家が自らの思惑を隠すために、都合よく使ってきたものですが、私たちの足元から見れば、まさに大日本帝国がそうだったといえるでしょう。「自衛」・「防衛」という言葉をオブラート化し、激しい攻撃や多数の人々に恐怖を与える掃討作戦のようなものを正当化するのは、言葉が人に与える印象を利用した怖さだと思います。

パレスチナを占領するイスラエルは、パレスチナ人を総じて自分たちの安全を脅かすテロリストと位置づけ、テロリストから国を守るための戦い、つまり自衛・防衛の戦いをしている、と主張します。ヨルダン川西岸地区でもガザでも、これまでそういう口実でたくさんのリアルな軍事行動が行われ、数えきれないほど多くの死傷者が出ました。そのなかには私の友人たちも含まれます。彼らは、ソーシャルワーカーとして子どものケアをする仕事をしたり、ラジオのレポーターを務めたりしていた人たちです。また、ナーブルスの旧市街の近くにイスラエル軍の戦車がやってきたときに、たくさんの屋台主が慌てふためいて逃げ出すしかなかったこと、お店の店主も大急ぎでシャッターを閉めたこと、子どもたちが学校からの帰り道に戦車に追いかけられてパニックになり逃げまどったこと、兵士が難民キャンプ内のＵＮＲＷＡの学校を攻撃し、子どもたちが悲鳴をあげて飛び出してきたこと。これらはすべて、２００２年の私の記憶として頭にしっかり残っています。そして、それらは記憶の一部にすぎません。こういう光景を目にしながら、これのどこが「自衛」や「対テロ」なのか、納得できるよう合理的に説明してほしいと何度思ったことか。

パレスチナと「対テロ」という文脈において、もう一点指摘しておかなければならないのは、パレスチナ人は21世紀の「対テロ」戦争以前からテロリスト扱いをされ、「対テロ」の名目で命を奪われてきたことをきちんと頭に入れておかなければならない点です。換言すると、パレスチナ人は常に「テロリスト」として他者化されることで、攻撃されても仕方がない存在だと思わせる論調がグローバルにあるということなのです。

「テロリスト」掃討の名でときにして無差別攻撃の対象にし、日常的には強圧的な姿勢で日々の生活を支配し、銃口で脅かしながら家宅捜査をし、支配者の力を見せつける。怪しいと疑えば逮捕し、拘束先で拷問し、また裁判なしに劣悪な刑務所で長期拘束（行政拘束）をする。武力抵抗をしている者が暗殺対象になる。武力による抵抗者を出した家族が弾圧対象になったり、場合によっては家族の家が連座的に破壊対象になったりする。こうした日常の人権侵害を看過する状況が長年続いてきたわけですが、それに拍車をかけたのが21世紀の「対テロ」戦争の論理だと思います。9・11後すぐにイスラエル軍はジェニーン難民キャンプに侵攻しましたし、2002年のジェニーン難民キャンプでの虐殺事件の前にも、キャンプに侵攻しています。もっともジェニーン難民キャンプに限ったことではありませんが。

ところで、2001年のアフガニスタン戦争に関していうと、当時のターリバーン政権が米国に対して攻撃をしたわけではありません。米国が9・11の実行犯と断定されたアルカーイダをターリバーンが匿っていると主張して、アフガニスタンを攻撃したのです。この攻撃によりターリバーン政権が崩壊し、米軍はそのまま21年まで駐留してきたわけです。単に駐留するのではなく、「テロリスト」掃討作戦として軍事行動をしたり、新しく誕生した政府軍を支援したりしながらです。21年の米軍の撤退にあたり、常々考えていたことではありましたが、あらためて強く思ったのは、01年のアフガニスタン戦争は間違っていた、ということです。とりわけジェンダー視点からいうと、米国は最初、9・11への報復と主張していたのに、空爆開始から1か月ちょっとしたら「対テロ」には女性の人権や尊厳を守ることが含まれる、といいだしたことには唖然としました。その際に、米国はターリバーンがどれだけ女性に対して非道をはたらいているのかということを強く強調していました。「女性解放」のために軍事行動が正当化されることに強い抵抗感を覚えました。

では、あれからちょうど20年後の２０２１年の段階で、女性の権利や尊厳は守られるようになったといえるのか、というと、けっしてそうとはいえませんでした。それどころか、米国はターリバーンと和解し、またターリバーンは旧政府軍との戦いに勝利して、再支配を手にしたのです。女性の人権は形式的には進展した分野もありますが、各種のジェンダーに基づく暴力は国際復興期間の20年の間もあいかわらず多発してきました。軍事力で女性解放が進むのであれば、米国が軍事攻撃をしてきた国々ではとっくに女性が解放されているはずです。しかし、現実はそんなことはない。米軍による攻撃や外国軍の駐留が治安の悪化をもたらしたり、女性の生活を破壊したり、農村部での女性の外出の制限につながったりなど、女性たちの状況をさまざまに悪化させる要因の一つにもなってきたのです。

猫塚　ご指摘されたことは非常に大事だと思います。米国のアフガニスタン戦争の目的は何だったのかについては、米国自身がきちんと振り返ってはっきりさせなければならないことでしょう。日本を含む国際社会もその点をもう少し追及しなければならないのではないでしょうか。

清末　２０２０年に『《世界》がここを忘れても——アフガン女性・ファルザーナの物語』（寿郎社）という絵本を出しました。絵本といっても、小学校高学年から大人までを読者対象にしたものですが。この本で描かれた状況は、限りなくノンフィクションに近いフィクションです。アフガニスタンの女性たちとの長年の交流から得たエピソードを参考にして、物語としてまとめました。タイトルが示すように、アフガニスタンに関心が集まらないことについて、日本でその問題を喚起したかったのです。21年のターリバーンの再支配の開始で一時的な注目は集めましたが、その前は人々が厳しい治安情勢のなかで暮らしていても、多発するテロで人々が死傷していても世界は知らん顔でしたから。出版から3年経ち、その間にターリバーンの再支配が開始され、治安は以前よりもはるかによくなりましたが、悲しいかな、女性をめぐる状況は後退しています。そして、すでにアフガニスタンのことを世界は忘れてしまったかのようです。私は、アフガニスタンとパレスチナの双方にかかわりを持ってきました

『《世界》がここを忘れても』（寿郎社）

が、アフガニスタンに対する国際社会の注目度の方がより低いように感じてきました。

日本では中村哲さんが殺害されたときに衝撃が走り、報道面でも大きなニュースになりました。しかし、中村さんが全身全霊でかかわってこられたアフガニスタンがどういう状況にあるのか、ということには、たいして社会的な注目が集まりませんでした。本来、中村さんはそこを見てほしかったはずではなかったでしょうか。中村さんには目がいってもアフガニスタンにはいかない、という落差にこそ、日本社会の意識が如実に表れているのだと思います。

「対テロ」戦争への日本の加担

清末　米英軍などによるアフガニスタン戦争の際、日本では時限立法のテロ対策特措法を制定させ、米軍への補給活動をするために海上自衛隊をインド洋に派遣しました。こうして日本は、アフガニスタン戦争に加害者としてのかかわりを持ってしまいました。

私がアフガニスタンにかかわる理由はいくつかあります。若いときからペルシャ文化圏に興味があった、ということが一番大きな理由かもしれません。研究とは別に、アフガニスタンのフェミニスト団体との連帯活動にかかわる直接的理由は、自分が属している日本という国の加害者性、そして日本社会の構成員の一人としての加害者性を考えたからでしょう。猫塚さんは

「対テロ」戦争と日本とのかかわりをどのように見てこられましたか。

猫塚 日本とのかかわりという意味では、とにかく米国の同盟国であること、もう少し正確に表現すると、手下であるということですね。米国は独自でやれることはやるけれど、かかる費用に対しては全額捻出ではなく、負担を減らしたいと考えてきたと思います。また、米国の単独ではなく、複数の国が一緒になって「対テロ」戦争をやっていることをカモフラージュしたいとも考えてきたでしょう。この二つの目的から、日本やNATOを引き込んできたのではないでしょうか。

ですから、アフガニスタンへの侵攻に関しては、自衛隊も英軍のように一緒に戦うべきというのが米国の考えだったはずですが、日本には憲法9条がありますし、当時は集団的自衛権の限定行使を認める安保法制がありませんでしたので、ギリギリの線で補給活動をする、つまりガソリンスタンドみたいなことをやるということになったと理解しています。

これは一つの例ですが、特に第二次安倍政権は、2014年に集団的自衛権の限定行使容認の閣議決定がなされるまで、お金やモノは出すが人的な貢献はしないという日本に対する批判をどうにかしたいという気持ちをずっと引きずってきたのではないでしょうか。もっとも、米国にとってみれば、財政的な意味でも日本を巻き込みたいですし、何かあれば引き込もうという強い動機はいまも有しているでしょう。

清末　ところで、２０２１年のガザ攻撃の際に、中山泰秀防衛副大臣（当時）はイスラエルを擁護する投稿「私たちの心はイスラエルと共にある」をツイッター（現X）で流しました。こうした投稿を目にすると、「対テロ」戦争の悪影響が続いていることを痛感します。ガザを激しく攻撃していときに、憲法９条で戦争の放棄を謳っている国の政治家がリアルに攻撃している国を擁護する発言をするというのは、非常に問題があります。この手の発言は、世界各国で「対テロ」の名目で肯定されてきた流れの一環だと考えます。

猫塚　日本の権力構造のなかに、米国やイスラエルを支援する勢力があります。ガザへの大規模な軍事攻撃が始まると、「対テロ」という言葉のオブラートをかけたりしながら、支持を打ち出すわけです。それは、天井のない世界最大の野外牢獄に押し込まれた２２０万人を逃げ場がないなかで攻撃するという国家犯罪を黙認するものといえるでしょう。「対テロ」ということで本質をぼやかし、米国やイスラエルへの支持を表明するという、非常に狡猾なやり方です。

清末　２００１年のアフガニスタン戦争の文脈では、先ほどいったように、「女性解放」が軍事攻撃を正当化する言葉として用いられ、２００３年のイラク戦争の名目は「民主化」でした。「女性解放」や「民主化」という言葉を用いて、侵略行為を遂行していく。大国が自らの国の価値観として標榜してきたものや、一定の正当性を帯びた価値観を利用して、軍事行動をもっともらしい顔をしてやっていくことの巧妙さ。私にとっての01年からの「対テロ」戦争に対する恐怖心の一つは、これを可能にしてきた帝国主義的な人権概念の利用でした。

平和的生存権——日本国憲法の先駆性

清末　猫塚さんは「医療九条の会・北海道」の幹事長も務めておられました。これまでのお話から日本国憲法に関して強いこだわりをお持ちだということがわかりました。では、パレスチナで活動をするにあたり、日本国憲法はどのような意義を持つものだと感じてこられたのでしょうか。

猫塚　日本国憲法は、主に国内の文脈で私たちの人権を守る条文をたくさん規定していますが、同時に国際的な平和を提唱しています。国際的な平和を創るために、日本人としていかなる理解が必要か、何をすべきなのかを提示しているのも日本国憲法だと思います。その基軸になるものの一つが前文にある「平和のうちに生存する権利」、つまり平和的生存権と考えています。

私は、イラク戦争における戦闘終結後になされた自衛隊のイラクへの派遣に関連して、「自衛隊イラク派兵差止北海道訴訟」の原告になりました。この訴訟に参加するにあたり、私が一番勉強したのは、平和的生存権だったのです。イラクのサマーワに自衛隊を派遣したことに関する違憲性を論じる根拠として、平和的生存権を主張したからです。

前文には、「全世界の国民が、ひとしく恐怖と欠乏から免かれ、平和のうちに生存する権利を有する」と書かれています。「恐怖と欠乏から免かれ」という文言について、私は「恐怖」といわずに、「恐れおののき」ということにしています。これを教えてくださったのは、哲学者の高橋哲哉さんです。高橋さんと食事をしたときに、そうおっしゃったのです。「恐怖」という簡単な括りではなく、人々が本当に恐れおののくこと、逃げ惑うことを意味するのだと。そして、それをやってはいけないと考えるのが日本国憲法なんだと。また、欠乏との関係から見て、この世から戦争や飢餓、貧困に恐れおののきながら生活することを一掃する、というのが平和的生存権の真髄だと思います。

恐れおののきから少しでも逃れることができるようにするために、私の場合は、パレスチナで医療分野の貢献をしようとするのです。清末さんたちが奉仕団の子ども支援活動として、パレスチナの子どもたちと一緒に絵を描いたり、スポーツをやったりする活動は、ほんの短時間であっても、占領下の抑圧的な生活や爆撃が生む恐れおののきから解放される時間をつくることをめざすものです。苛酷な占領を小さい頃から知っている子どもにとって、恐れおののきから解放されるつかの間の時間を持つことは、その後の成長にとっても貴重なものです。その際に、自己表現につながる芸術や音楽、スポーツの時間は非常に大事なものであるのです。ですので、私は清末さんたちの子ども支援活動の発展を大変うれしく見ています。

関連して、日本国憲法の真髄はやはり、恐れおののきと欠乏から逃れる権利が全世界の人々にあるとしていること、つまり国際的な意義を持つ点でしょう。

清末　平和的生存権は抽象的権利であり、具体的権利ではないから、被侵害利益を前提とする裁判規範性がないとするのが司法の一般的な判断です。これは、自衛隊の海外派遣などの関連する違憲訴訟において、原告側が論証において非常に苦労してきた点でしょう。裁判という意味ではこういう問題に直面するわけですが、それとは別に憲法理論という意味でけっして忘れてはいけないのは、平和的生存権を明記する前文が憲法上のお飾りでもなんでもなくて、この国のあり方を示す前文である以上、当然にして法的性質を持っているということ、そして、続く各条文の解釈基準になっているという点です。

平和的生存権は、奉仕団やRAWA連の活動に大変関係するものですね。平和的生存権は、猫塚さんが指摘されたように、全世界の国民を対象としていますから、パレスチナ人であろうとアフガン人であろうとミャンマー人であろうと、居住地域や国籍・ルーツその他の違いにかかわらず、日本を含む全世界の人々が等しく有するという点が非常に重要なのです。しかも、前文は、そのことを日本国民が確認するといっているわけですから、非常に崇高なことを宣言しているのです。私たちの団体だけでなく、さまざまな国際活動をされているNGO関係者は、自覚的に意識しているか否かは別として、その実践をしているのではないでしょうか。少なくとも、平和的生存権の位置づけが私の活動を後押ししています。それは、国際活動にかかわっているからというだけでなく、憲法研究者であるからです。日本国憲法を研究し、教えている者として、私は私ができる範囲で実践するのです。

私たちの活動は国境を越えた活動に見えるでしょう。それは間違いではありませんが、同じレベルで足元の日本社会での平和的生存権の実現をめざすことが肝要です。足元を見ずに、国境を越えて活動はできません。その双方を考えること、互いに学びあうことで、日本を含む世界各地で抑圧されてきた人々との連帯が可能になってくるのではないでしょうか。平和的生存権は、私たちの考え方と実際の活動を結ぶ接着剤であると確信しています。

海外に行くといっても、猫塚さんも私も医者と研究者という本業があるため、長期間の現地滞在ができるわけではありません。猫塚さんの場合は、それでも1か月くらいは滞在されていますが、私は移動日をあわせても10日程度です。それでも、その限られた時間を最大限使って、人々と直接的な相互コミュニケーションをとり、武力攻撃を含むさまざまな形態の恐怖、猫塚さんの言葉でいう、恐れおののきや欠乏から少しでも免れる社会をともにつくることをめざして、地道に一歩一歩を進めていくしかないのだと思っています。

先に、法学研究者である私にとってガザに行くことは挑戦であり、抵抗なのだという話をしました。その文脈から考えると、平和的生存権を求める活動というのは、抵抗でもあるわけですね。そのことを憲法研究者の浦田賢治先生のあるコメントから学び、それを励ましにしてきました。

占領からの解放には時間がかかるでしょう。それでも、例えば、封鎖が終わってパレスチナの子どもたちが恐れおののく姿を絵として描かなくてもいいようなときが来ることをあきらめずにいたいのです。子どもたちの絵は正直です。友だちが殺されたから一緒にサッカーをすることができなくなったことを描く子、自分が通っている学校が破壊されている様子を描く子、爆撃により血を流す人々の様子を描く子。それらは子どもたちがリアルに見てきた姿です。そのような出来事を描かなくてもいい社会が来ることを希求します。

安保法制違憲訴訟——平和の想像力が欠如した判決

清末　ところで、平和的生存権を軸にして活動をしてきた猫塚さんと私は、2015年9月19日に強行成立した一連の安保法制を違憲立法と考え、札幌での安保法制違憲北海道訴訟の原告となりました。一審（札幌地裁）と二審（札幌高裁）ともに敗訴しましたが、それでもこの訴訟を通して、これまでの経験から得られた見地からすると、安保法制を認めるわけにはいかない、ということを裁判所の内外で訴えることができました。猫塚さんは原告の一人として、裁判所に何を一番訴えたかったのでしょうか。訴訟に加わったきっかけを含めて教えてください。

猫塚　原告になったのは、やはり憲法に大きく関係する問題だからです。集団的自衛権の行使は日本国憲法が認めるものではないと考えたのです。2014年に集団的自衛権の限定行使容認が閣議決定されてから、札幌では「医療九条の会・北海道」が中心になり、集団自衛権が行使されたら医療界はどうなるのかということを問題提起しました。国立病院、公立病院がすべて国の統制下に入る。民間のフェリーも徴用されて兵士を運ぶようになる。医師や看護師に関しても、自衛隊病院の誰々はどこの配置につくかなどのシミュレーションを毎年つくられてしまう。医療界だけでなく、JRも統制下に置かれるのではないか。集団的自衛権が実際に行使されるような状況になれば、つまり日本が戦争に巻き込まれる事態になれば、日本の医療界は軍事体制のなかで再編されていくでしょう。そのことを私なりに検討しました。

それを北海道保険医会や北海道医師会、札幌市医師会、北海道看護協会に持ち込んでみました。北海道保険医会と北海道医師会の事務局長は真摯に耳を傾けてくださいましたが、ほかでは相手にされなかったです。それを見て、日本の医療界はこんなことでいいのだろうか、と思いました。

そういうことをしているうちに、札幌で違憲訴訟の動きが始まったので、医療界からも参加すべきだろうと思い、訴訟に加わることにしました。一方、私は奉仕団の活動を通して、パレスチナで現実に起きてきたこと、自分の目で見てきた戦争状態と同様のところに、自衛隊員が派兵されたらどうなるのかといった問題もメンタルへの影響の可能性も含めて、発言してきました。加えて、２０１８年にガザで負傷者の手術支援活動に行ったときの生々しい体験も含めて、現実の姿を告発しなければいけないと考え、原告団の世話人にもなりました。

清末　集団的自衛権の行使の名の下で自衛隊が海外での戦闘にかかわっていくようになると、戦う日本のイメージ、軍事的なプレゼンスが世界で広がることになります。アラブの世界だけでなく、アフガニスタンでもそうしたイメージが強くなると反感を生み、私たち自身が海外で活動するときにも、危険が及びかねないのではないでしょうか。怖いですね。

猫塚　危ないです。それまでさまざまな国々で一般的に持たれていた日本のイメージが、平和の国から戦争する国に変わったという印象が強くなるからです。したがって、日本人が海外で平和を願う立場からＮＧＯ活動をする場合においても、イメージの変更に伴い、現地での活動が危険な状況に置かれることが予想されます。現地の人々と誠実に意見交換し、人々の立場を十分尊重し、私たちの活動が非暴力平和主義に基づくものであることを理解してもらうことが重要です。
ところが、安保法制に基づく戦闘目的での自衛隊の海外派兵は、こうした活動とは対極にあり、国際問題を武力で解決しようとするものです。武力を背景とした外交交渉では、相手と胸襟を開いた本音の話し合いはできません。海外での武力行使の可能性を宣言したに等しい日本に対する印象は、戦争を放棄した平和国家から「戦争国家」への変貌ということになるでしょう。そのような印象を持たれると、日本の国際NGOの活動に対して反感を持たれることにもなりかねないのです。したがって、例えば、現地で武力紛争のような緊張する事態が起きたときに、安全性の確保が以前に比べてより困難になったり、場合によっては極めて危険な状況に置かれたりすることも予想されます。

清末　現地では私たちがどういう考え方を持って活動をしている日本人なのか、ということは、いちいちチェックされるわけではなく、日本というものを一方的に背負わされることになるわけです。2000年代に、ヨルダンに多数住むパレスチナ難民の聞き取りをしたことがあります。その際に、アンマンのワフダート難民キャンプで、PLO（パレスチナ解放機構）のヤーセル・アラファート元議長が大好きな高齢の男性の家でライフヒストリーを聞かせてもらう機会がありました。
自分の若い頃の経験をいろいろ教えてくれたあとに、自衛隊が復興支援でイラクに派遣されたことをニュース番組で耳にしたという話になり、怒り始めました。「軍事組織が行くなんて、イラクに対する侵略行為じゃないか」「外国軍は出ていけ」と。アラブ世界では、カタールのアルジャジーラの衛星放送を聴いている人が多いので、情報は入ってくるわけです。

そのときのことを思い出すたびに、自衛隊が海外での戦闘に参加すればイメージが非常に悪くなり、結果的に戦闘への参加に反対していようとも関係なく、一律危険な状況に追い込まれる可能性が頭に浮かびます。なお、この高齢の男性は怒りを見せた後に、今度は私の誕生日のお祝いをしたいから、家を再訪するようにと誘ってくださいました。何度も連絡があり、再訪すると、ホームメイドの誕生日用のデコレーションケーキが出てきました。パレスチナ人らしいホスピタリティそのものでした。

安保法制の違憲性とは別に、海外で危険な状況に追い込まれる可能性について考えざるを得ないのです。現地での信頼関係を築くのは簡単ではありません。奉仕団にしろ、ＲＡＷＡ連にしろ、時間をかけて丁寧にいまの関係を作ってきました。その関係を失うのはとても簡単です。貴重な関係が自衛隊の海外での戦闘行為ゆえにぐらついたり、損なわれたりすることは避けたいのです。現地で良好な信頼関係を築くということは、私たちのセキュリティを高めることでもあるのですから。それは、研究者の海外でのフィールドワークでも同様です。調査に支障が出ると、研究成果にも影響が及びます。私は研究者ですから、その点に関する権利性の侵害・保護法益についても考えました。

私も原告になり、札幌地裁では原告として陳述書の提出だけでなく、陳述もしましたし、札幌高裁では本人尋問にも臨みました。また、札幌高裁には憲法研究者として意見書も提出しましたが、地裁・高裁ともに私たちの主張はことごとく否定される結果となりました。判決文を読んで感じたのは、裁判官の平和に対する想像力の圧倒的な欠如です。これに尽きます。

猫塚さんも私も奉仕団やＲＡＷＡ連の活動を通して、平和のイメージを自分たちなりに創ってきたはずです。少なくとも私はそうです。自分のこれまでの経験に基づく、現段階での平和のイメージというものを具体的に思い描いてきました。猫塚さんはいかがでしょうか。

猫塚　繰り返しになりますが、そもそも奉仕団は、２００８～09年にかけて行われたイスラルによるガザへの大規模軍事攻撃への反対運動を契機に設立され、また、命と健康を守る医療従事者や子どものケアに力を入れる教育関係者の集団であることから、いかなる戦争からも解放された平和な状況を創り、維持することが私たちの活動の前提となっています。戦争が、人間の命と健康を最も疎外するものであると考え、あらゆる戦争への反対を掲げています。同時に憲法前文の平和生存権を理念とするだけでなく、その実現に向けて行動する集団として成長していくことをめざしています。また、奉仕団は、非武装、非暴力、平和主義による支援活動を基軸としています。

主な活動はパレスチナへの医療・教育関係者などの派遣とパレスチナの置かれた状況を事実に基づいて日本で共有することにありますが、平和的生存権を理念としているからこそ、足元の日本社会の貧困問題、レイシズム、ジェンダー問題、先住民への抑圧問題をはじめとする各種の人権問題、原発問題等の具体的課題にも敏感に反応し、これらの問題に取り組んできた各団体・個人と連携する取り組みを行ってきました。

清末　抽象的なものではなく、平和の具体的なイメージを創ってきたからこそ、平和的生存権との整合性が出てくるのではないでしょうか。平和の姿を尋ねられると、白い鳩が飛ぶ姿を思い起こす方もいると思います。私の場合、白い鳩は具体的な平和のイメージに結びつかないのです。けっして白い鳩を否定的にいっているのではないのですが。誤解を恐れずにいうと、鳩ではお腹を満たすことができないと思ってしまうのです。

私の平和のイメージは、恐怖心を感じることなく寝ることができたり、明日も安心して学校に行くことができると思えたり、明日以降の食事を心配しないで、お腹いっぱい食べることができたり、あるいは温かいご飯を皆で囲み、ともに笑顔で分け合ったりする姿です。ついでにいうと、お腹がいっぱいになったらちょっと横になって昼寝をする姿もです。これらは何気ない小さな幸せに見えますが、パレスチナやアフガニスタンの現況からすると、それを手にしたいと思っている人々は限りなくいるのに、その実現は非常に困難であるわけです。小さな幸せをいかにして手に入れることができるようにするか。そのことを私は平和を希求するなかで、こだわりたいです。

ヨルダン渓谷で羊や山羊を飼いながら生活をしているパレスチナ人の家族との交流のなかで、大皿に盛ったマンサフという米と肉とヨーグルトのソースでつくった料理をごちそうになった日のことをよく覚えています。占領下で水へのアクセスが制限され、いつ住居用のテントや家畜の囲いを壊されて追い出されるかわからない生活を強いられている家族です。その家族がともに活動をしている仲間たちを昼食に招待したのです。食後にお茶を飲んでいるときに、私は眠くなってしまいました。眠そうな顔をしている姿を見て、その家族の誰かが「昼寝でもしたら?」といいながら、奥の部屋を指さしてくれました。非常に厳しい日々が続くなか、つかの間の幸せを皆で共有しました。占領下に置かれなければ、はるかに自由に生活を営み、ときにして客人をもてなしながら、生きているはずの人たちです。コミュニティ内でさまざまな諍いはあったとしても、テントを壊される恐怖心を持つことなく、客人をもてなすことができるのです。

私の平和の原風景はヨルダン渓谷での経験です。非常に具体的な平和のイメージです。しかし、司法は平和を抽象的と考え、このように具体的な姿が存在しても、それを見ようとしたり、想像しようとしたりすることもないのです。

ロシアの軍事侵略と日本国憲法

清末　ところで、２０２２年2月に始まったロシアによるウクライナへの軍事侵略の問題についても、少し話をしたいと思います。いうまでもなく、ロシアの行為はウクライナの主権を侵害する国際法違反の侵略にあたります。日本は憲法に平和的生存権だけでなく、戦争の放棄などを規定する９条を持つ国です。その日本はロシアの侵略行為に対し、どのように考えるべきでしょうか。また、平和運動はこの問題にどのように向き合うべきでしょうか。パレスチナでの活動の経験から、何かいえることはあるでしょうか。

猫塚　平和的生存権と９条の観点から考えると、武力で他国を侵略し自国の領土とすることを認めるわけにはいきません。現にロシアによる侵略戦争がいまなお続いている状況に鑑みると、日本を含む国際社会が第一に主張すべきことは、侵略したロシアがウクライナから撤退することを強く主張し続けることでしょう。加えて、国際人道法の視点から、現に起き続けている戦闘のなかで生じていると思われる戦争犯罪に関しては、両当事者の行為をきちんと検証すべきと考えます。

私たちは奉仕団の活動を通して、イスラエルの軍事占領のリアリティ、つまりパレスチナ人が日々置かれている現状を目撃してきました。そうであるからこそ、平和的生存権に基づく活動をしてきたのです。パレスチナのリアリティに則して、占領者であるイスラエルへの施策やそれを支える国際社会の動きに対する批判が必要だと考えてきました。歴史的背景や文脈がまたく異なるため、単純に比較することはできないことが前提ではありますが、ウクライナに対して軍事侵略を続けるロシアに対しても同じように考えます。

また、イスラエルによる封鎖が長年続くガザとかかわりあってきましたが、私たちは封鎖とともに生きることを強いられているパレスチナ人に対して、外部の人間である私たちが、占領者であるイスラエルに屈服を求めるに等しいような主張はできないと思ってきました。同様に、ウクライナの人々に対しても、ロシアによる違法な侵略の受け入れにつながるような主張はすべきではないですし、例えば、停戦を訴える場合でも、尊厳を傷つけない相当な慎重さと自らの立ち位置をきちんと考慮しなければならないのではないでしょうか。それよりも何よりも、私たちがすべきことはロシアの侵略を批判し、撤退を求めることです。

清末　同感です。ウクライナとロシアの背景についてあれこれおっしゃる方もいます。私はその分野の専門家ではないので、背景諸々については議論しませんが、憲法研究者として法学的にどう見るべきか、ということについては考えてきました。

第一義的には、憲法に9条を有する以上、政府であろうと平和運動であろうと、まずもって国際法違反の武力侵略に明確に反対することが求められるということです。加えて、本対談でも言及してきた、侵略戦争を正当化するのに集団的自衛権の行使の文脈で「自衛」の論理が使われることにも注意すべきです。とりわけ、安保法制に反対してこられた方々には、この点をきちんと見据えることを訴えたいです。そうでなければ、安保法制反対の論理も成り立たなくなるのですから。論理矛盾で足をすくわれないようにすることが重要です。

ところで、パレスチナにかかわるなかで、占領の構造や実態、そこへのかかわりを無視して、主体であるパレスチナ人はこうすべき、ああすべきという批判をする方々がおられることに違和感を抱いてきました。これは、占領下におかれている人々の主体性を軽視したり、無視したりすることにつながるだけでなく、安全圏にいる者による上から目線の驕りになりかねないものです。現在の状況をどう打開していくのか、という方向性については、根本的にはパレスチナ人自身が考えなければならないことです。もちろん、その打開方法が人道的または法的な視点から、必ずしも正当化されるわけではありませんし、パレスチナの内外の人々からの批判にさらされることは当然にしてありうるわけです。例えば、民間人を無差別に殺傷する自爆攻撃に対して、パレスチナ人の間で一定の批判があるように。それはハマースによるロケット弾に対しても同じです。

私は、パレスチナで非暴力抵抗運動に参加してきました。これは、パレスチナという文脈においては、非暴力抵抗運動が武力抵抗よりもより大きな力を発揮しうるということを現地で闘ってきたパレスチナ人から学んできたからであり、実際に活動に参加してそう実感したからです。しかし、それは非暴力以外の抵抗手段を用いることを一律否定することまでは意味しないのです。基本的に、どういう手段で抵抗するか、ということも、当事者がこれまでの情勢などから学び、段階を経て手段を変えることはありうることですし、実際にパレスチナでもアフガニスタンでも手段を変えてきた人々がいます。

正直、武力抵抗に関しては、もどかしさというかジレンマを抱いている自分がいます。非暴力的な社会の構築をめざしてきた自分にはそういう手段は受け入れがたい、しかし、自分にはそれを一律否定する権利があるのか、被抑圧者には抵抗する権利があるだろうと。そうした悩みを抱えながら考えついた現在の到達点は、海外で起きている戦争・武力行使に関して、戦争・武力行使・武力による威嚇を放棄することを規定している憲法9条1項を持つ国の「国民」の一人として、大日本帝国がやったような、軍事国家が「自衛」の名の下で正当化しがちな侵略戦争への明確な反対を重点とするということです。加えて、平和的生存権と9条に基づき、国際法の無視または曲解により正当化される武力攻撃その他の戦争犯罪を明確に問題化するということです。それを前提として、憲法前文で言及されている「平和を愛する諸国民の公正と信義に信頼して、われらの安全と生存を保持」すること、および「他国と対等関係に立たうとする各国の責務」の考えに依拠して、外交・交渉による平和の実現を訴えるということです。

アイヌ問題――北海道の団体としてこだわる

清末　最後のテーマとして、私たちの足元の問題の一つを見ていきたいと思います。私たちが暮らす北海道は、アイヌ民族の意思を無視し、植民地主義者の一つの武器として、先住民の土地に関する価値観や概念とは異なる近代法を、土地を奪う手段として一方的に導入し成り立っています。土地の収奪という意味では、北海道とイスラエルの成り立ちは非常によく似ているわけです。奉仕団の活動を進めるうえで、この共通点は看過するわけにはいかない問題だと考えています。猫塚さんもその話をよくされています。猫塚さんの視点をもう少し教えていただけないでしょうか。

猫塚　いわれた通りです。私が研修医として初めて赴任したのが、北海道の日高にある厚賀町の診療所でした。その診療所は日高のアイヌ民族の民族闘争・解放闘争のなかで生まれた診療所でした。ですから、診療所にはたくさんのアイヌ民族が患者として来ていましたし、往診先もアイヌ民族の方が多かったです。実は研修医になる前は、アイヌ問題にはあまり強い関心を持っていませんでした。しかし、その診療所に1年間行ったときに、アイヌ民族の友だちができ、アイヌ問題とは何なのかということを随分考えるようになりました。大日本帝国の北海道の成り立ちには、アイヌ民族の犠牲があり、本当に悲惨な歴史があって今日に至っています。

そのことは、イスラエルの建国がパレスチナ人の犠牲のうえに成り立っている歴史と似ています。もちろん、アイヌ民族の問題とパレスチナの問題は現在の時点では異なることが多々ありますが、北海道とイスラエルとの間で通底しているのは、先住民の迫害でしょう。先住民の権利をきちんと認めることは、日本社会の大きな課題だと思います。どこかの時点で、アイヌ民族の方々と私たちがかかわっているパレスチナ、そしてパレスチナ人が被ってきた不正義と北海道との関係性について語る機会を持つべきだと考えています。

アイヌ民族の方々と話をするなかで、歴史の持つ重みを感じます。しかし、そういうアイヌ民族の思いがあっても、それらを無残に打ち砕くさまざまな差別が日本社会には連綿と残っています。私が研修医だった1974年、アイヌ民族の方々は中学校を卒業したら、多くは高校に進学せずに就職していました。貧困からできるだけ早く抜け出すためにも、とにかく稼がなければならなかったからです。生活保護を受給せざるを得なかった方も多くいましたが、役所からは働け、高校なんて行くなといった圧力がかかっていました。それを聞き、自分もとても悔しいと思いました。自分が実際に目にしたことですが、あるアイヌ民族の方の家に往診に行くと家族は土間の囲炉裏で暖をとっていました。それでは、冬になったら寒いだろうと思いました。その後、町営住宅が建ち、そこに移った世帯もあると耳にしました。アイヌ民族は差別と貧困に苦しむ生活を強いられていました。

シュアファート難民キャンプ（東エルサレム）の幼稚園で開いた絵画教室に参加した園児たち（2019 年 10 月）

　また、在日朝鮮人の問題もあります。アイヌ民族のことだけでなく、なぜ北海道を含む日本に在日朝鮮人が住んでいるのかということを歴史からの学びを通して、アイヌ問題同様に考え、向き合わねばなりません。

清末　私たちは北海道を拠点とする団体ですので、北海道にこだわってきました。

猫塚　特にアイヌ問題がそうですね。北海道だからこそ、こだわらなければならないのだと思います。

清末　歴史的に日本の内なる植民地として成立した北海道の視点からパレスチナにこだわり、足元の植民地支配の歴史および現在につながる抑圧の問題と、特にガザ封鎖への挑戦の意味をつなげることで、私たちが克服しなければならない植民地主義の不正義の問題を明らかにする。これは北海道を拠点とする奉仕団の課題なのでしょう。

終章

2023年2月26日の夜、ヨルダン川西岸地区北部のフワーラ村の各所から火がメラメラと燃え上がり始めました。近くにあるイスラエルのハル・ブラハ入植地から数百人の入植者がなだれ込み、村民の家屋や車などに火をつけ始めたのです。ハル・ブラハの入植者2人がパレスチナ人に銃殺されたことへの復讐でした。

私は若い頃、何度もこの村の近くを通ったことがあります。ナーブルスからラマッラーやエルサレム方面に向かうときに、この村の近くにあるイスラエル軍のフワーラ検問所を通っていたからです。SNS経由でフワーラ村が焼かれている映像を最初に目にしたとき、あまりの衝撃でそれが現実のものとはにわかに信じがたい気持ちにすらなりました。しかし、それは否定しようがない現実でした。一晩にして家を失った多数の村民。それは、ナクバの繰り返しともいえる恐ろしい出来事でした。

数百人の入植者が一緒になって、一つの村を焼き払おうとする行為、つまりその村の消滅を狙う行為は、「復讐」の名の下で行われたものであっても、これほどまでに突き動かされるものなのでしょうか。これは明らかにヘイトクライムです。パレスチナ人の村がなくなればいいと心底思っていなければ、村全体に対する攻撃にはならないはずです。ヘイトクライムを引き起こす排外的な差別思想が「復讐」という名の衣の下にあるのでしょう。

排外的な差別思想は、フワーラ放火事件を起こした入植者たちだけが有しているわけではありません。10月7日のハマースによる襲撃以降、ガザ住民に対してなされているイスラエル軍の猛撃にもつながるものがあるように思えてならないからです。「自衛」や「報復」の衣の下に隠されていたとしても。そうでなければ、ライフラインを止めることの残酷な効果を十分にわかったうえで、イスラエルが被った被害とはもはや比べものにならないレベルで軍事攻撃を加え、多数の子どもを含むガザ住民の命を日々奪っていくことの説明は難しいでしょう。この点は、10月9日にイスラエルのヨアフ・ガラント国防相がハマースのことを獣のような人間であると表現したこと、つまり非人間化といえる表現をしたことと重なります。非人間化がいかなる結果をもたらしうるのか。国際社会はそのことに直ちに向き合わなければなりません。きちんとした検証が必要とはいえ、その一部は、残念ながらすでに起きてしまっているといえるのかもしれません。このままでは、人が住むことが著しく困難な状態にまでガザが破壊されていくことに限りなく近づいていくだけです。それが一体何を意味するのか。私はいま、そのことを強く考えています。

さて、フワーラ村放火事件に関して、ここで私自身に問わなければならないことがあります。まずは、私がなぜ耐え難いほどの衝撃を受けたのか、ということについてです。それはおそらく、①強い関心を持つパレスチナで起きた出来事の一つであること、②攻撃対象が20年以上知っている村であること、③放火の規模が非常に大きいことにあるのでしょう。この事件について、強い痛みを感じることはけっして悪いことではありません。それでも、本当にそれだけでいいのか、という疑問が私自身のなかにわくのです。

フワーラ村放火事件からさかのぼること約1年半前の2021年8月30日、京都府宇治市伊勢田町ウトロ地区で放火事件が起きました。その結果、7軒の家屋などが全半焼しました。ウトロ地区とは元々、1940年以降の政府による「京都飛行場建設計画」を進めるために、各地から集まった朝鮮人労働者の飯場があったところです。これらの労働者は苛酷な建設労働に従事していましたが、敗戦による建設計画の中断により、そのまま放置されることになりました。その後、多くは帰国を含めウトロ地区を去りましたが、故国に戻ることも他の地区に行くこともできなかった人々はそのまま残り、劣悪な環境下で生活せざるを得なかったのです。また、他の地区で差別やそれゆえの貧困にあえぐ朝鮮人もここに集まってきました。このように日本の植民地支配と密接な歴史を有するウトロ地区での放火事件は、明らかに在日朝鮮人を狙ったものでした。

パレスチナと京都で起きた両事件を比べると、フワーラ村放火事件の方が被害の実態も加害者の数もはるかに大きなものです。しかし、二つの事件には放火とは別の共通点があります。それは、ともにヘイトクライムであるということです。そして、被害にあわれた方々は、いうまでもなく、ともに強い恐怖心を抱かされたはずです。そうであるにもかかわらず、自分の足元の日本社会にある差別意識ゆえに引き起こされたウトロ放火事件に対して、私はフワーラ村放火事件に対するほどの意識や感情を持ちえただろうか。そうでないならば、それがなぜなのか。私に欠けている視点は何なのか。そう自問せずにはいられません。

本書の出版は元々、私が研究対象とする日本国憲法のうち、前文に明記されている平和的生存権が持つ意義をグローバルな視点から評価することをめざして計画されたものでした。その後の緊急出版にいたるまでの経過については、猫塚さんが序章において説明している通りですが、上記の自問にかかわるところを一つだけ補足します。

一見、物理的に国境を越えたような話題を議論しているように見える本書において、根底に置いておかねばならない視点は、私たちが住む足元の不正義を平和的生存権の実現をめざすという文脈からどう考えるのか、という点にあります。日本国憲法前文は、国民を主語にして「わが国全土にわたつて自由のもたらす恵沢を確保」（1段前半）することを謳っています。この国に住む者が自由を享受する主体であるということ。ここには、国籍の違いなど、何も条件づけられていません。平和的生存権の実現をめざすのであれば、その理解を必ず頭に入れておくべきでしょう。ともすれば責任回避も含めて、偏狭な視野に陥りがちになることへの警鐘を鳴らすものになるからです。国境を超えるという考え方が、結果的に足元の出来事の無関心につながらないようにする。これが、本書を通して強く意識させられた点です。

日本には、ウトロ放火事件に見られるように、平和的生存権がある国とは思えないような出来事が各所で起きてきました。これらを見ることなく、国境を超える平和的生存権を語ることはできないでしょう。例えば、北海道という文脈においては、アイヌ民族の先住権の実現と差別からの解放などが平和的生存権に大いにかかわるテーマの一つでしょう。沖縄という文脈では、本書でも少し触れた米軍基地の問題だけでなく、近年、猛烈な勢いで進められてきた南西諸島の自衛隊の配備と「台湾有事」の想定・前面化、およびその前提にある沖縄の人々を捨て石にする発想がまさに平和的生存権と密接にかかわるテーマでしょう。自由と直結する難民の受入れ問題についても同様です。

ウトロ放火事件に対する私の意識の低さは、平和的生存権にこだわり続けてきたはずの私の足元の社会に対する歴史的不正義への向き合い方が、不十分であることを反映してのことでしょう。もっといえば、自由を享受する主体の意味を深く自覚できていなかったことの証左だと考えられます。この点を自戒を込めて記しておきます。
最後になりましたが、本書の出版の機会を与えてくださり、緊急出版になるまでなかなか筆が進まない私を叱咤激励しながら、最後までお付き合いくださったあけび書房の岡林信一さんに深く感謝申し上げます。

２０２３年10月24日　清末愛砂

本書を通して、「北海道パレスチナ医療奉仕団」または「RAWAと連帯する会」の活動に関心を持たれ、今後、両団体の活動や主催するイベントへの参加を希望される方は、ぜひ下記までご連絡ください。ホームページにも関連情報を掲載しておりますので、ぜひご覧ください。また、活動の継続には資金が必要ですので、寄付も随時受け付けております。ご協力いただけると幸いです。

【北海道パレスチナ医療奉仕団】

ホームページ：https://hms4p.com/
メール：hokkaido.palestine@gmail.com
電話：011-780-2730（事務所電話・猫塚）
　　　090-8274-3163（携帯電話・猫塚）
活動支援募金振込先
　○名義：北海道パレスチナ医療奉仕団
　○郵便振替口座：02720-9-100675
　○ゆうちょ銀行：二七九支店（279）当座 0100675
＊ゆうちょ銀行からお振込みいただいた方は、お手数をおかけしますが、メールにてお名前とご住所をお知らせください。毎年作成しているパレスチナ現地への派遣報告書を送付いたします。

【ＲＡＷＡと連帯する会】

ホームページ：https://afgan-rawa.blogspot.com/
メール：rawa-jp@hotmail.com
電話：090-3656-7409（事務所電話・桐生）
活動支援募金振込先
　○名義：RAWA と連帯する会
　○郵便振替口座：00930-1-76874
　○ゆうちょ銀行：〇九九支店（099）当座 0076874

猫塚 義夫（ねこづか・よしお）
医師。札幌生まれ。1973年に札幌医科大学卒業後、北海道勤労者医療協会に入職。以後、米国留学を含め脊椎外科と膝関節外科を中心とする整形外科医として診療と臨床研究を進めてきた。同時に学生時代から抱いてきた社会進歩への志を実践した。障碍者へのボランティア活動に始まり、「医療9条の会・北海道」幹事長（現、共同代表）となりつつ、2010年に「北海道パレスチナ医療奉仕団」を立ち上げ、現在に至る。

清末 愛砂（きよすえ・あいさ）
室蘭工業大学大学院教授。1972年生まれ。山口県出身。専門は憲法学（特に24条の平和主義）、アフガニスタンのジェンダーに基づく暴力。学生時代に民主化運動をしているミャンマー（ビルマ）の学生支援などにかかわったほか、パレスチナの非暴力抵抗運動「国際連帯運動」にも参加。2012年からアフガニスタンのフェミニスト団体ＲＡＷＡとの連帯活動にかかわり、現在、「RAWAと連帯する会」共同代表。パレスチナ医療奉仕団メンバー。

平和に生きる権利は国境を超える
パレスチナとアフガニスタンにかかわって

2023年11月3日　初版発行
著　者— 猫塚義夫、清末愛砂
発行者— 岡林信一
発行所— あけび書房株式会社
〒167-0054　東京都杉並区松庵3-39-13-103
☎ 03. 5888. 4142　FAX 03. 5888. 4448
info@akebishobo.com　https://akebishobo.com

印刷・製本／モリモト印刷
ISBN978-4-87154-243-2　c3031